P. Stanislaw Rutka CSsR

Den Glauben leben

P. Stanislaw Rutka CSsR

Den Glauben leben

Fromm Verlag

Imprint
Any brand names and product names mentioned in this book are subject to trademark, brand or patent protection and are trademarks or registered trademarks of their respective holders. The use of brand names, product names, common names, trade names, product descriptions etc. even without a particular marking in this work is in no way to be construed to mean that such names may be regarded as unrestricted in respect of trademark and brand protection legislation and could thus be used by anyone.

Cover image: Vom Autor bereitgestellt

Publisher:
Fromm Verlag
is a trademark of
International Book Market Service Ltd., member of OmniScriptum Publishing Group
17 Meldrum Street, Beau Bassin 71504, Mauritius

Printed at: see last page
ISBN: 978-613-8-34891-7

P. Stanisław Rutka CSsR

Den Glauben leben

P. Stanisław Rutka CSsR

Den Glauben leben

Inhaltsverzeichnis

Geleitwort

Verschiedene Wege führen uns zu Christus und seiner Botschaft vom Reich Gottes. Die Predigt als Auslegung des Evangeliums innerhalb der Messfeier bringt uns auf einem vertrauten Weg in Berührung mit Christus. Sie hat das Ziel, die Botschaft des Evangeliums mit dem Alltag der Menschen zu verbinden und ihnen somit Freude, Ermutigung und Lebenshilfe anzubieten. Dabei spricht der Herr selbst zu uns. Er will unsere Herzen entfachen. Er verbindet sich mit uns.

Das vorliegende Buch mit dem Titel „Den Glauben leben" will dem gerecht werden. Die darin enthaltenen Predigten sind von Gott her in das Leben der Menschen gesprochen. Sie wollen unsere Herzen bewegen, die Zukunft aus dem Glauben zu leben und zu gestalten. Dabei begleitet uns das Vertrauen, dass Gott mit uns ist.

Die vorliegende Predigtreihe ist auch als Frucht zu sehen, die aus Gebetsgruppen gewachsen ist. Sie will einer größeren Leserschaft geistliche Nahrung sein und sie teilhaben lassen an der frohen Botschaft des Evangeliums. Somit ist es ein wertvoller Beitrag zur Neuevangelisierung, wofür ich dem Autor P. Stanislaw Rutka CSsR sehr dankbar bin.

Allen Leserinnen und Lesern wünsche ich, dass die Worte und Gedanken dieses Buches zur Orientierung für das eigene Leben werden und die Begeisterung für den Glauben neu wecken.

Mit herzlichen Segensgrüßen
+ Ägidius J. Zsifkovics
Bischof von Eisenstadt

Vorwort

Liebe Leserinnen und Leser,

nach dem Jahr des Glaubens, das der Heilige Vater, Papst Benedikt XVI. mit dem Motu proprio Porta fidei am 11. Oktober 2011 angekündigt hatte und das vom 11. Oktober 2012 bis zum 24. November 2013 gefeiert wurde, gebe ich Ihnen dieses Büchlein mit dem Titel "Den Glauben leben" in die Hand.

Der Glaube, den wir als Geschenk Gottes erhalten haben, soll sich in unserem Leben entwickeln und stärken, damit wir ihn dann den anderen weitergeben können. Die Weitergabe des Glaubens zählt zu den wichtigsten Aufgaben der Kirche und zugleich zu ihrer Sendung in allen Zeiten.

Das Büchlein "Den Glauben leben" ist eine Sammlung von Predigten, die ich bei den Monatsmessen für die Gebetsgruppen im Bildungshaus St. Stephan in Oberpullendorf gehalten habe. In der Druckversion wurde der ursprüngliche Charakter dieser einst nur mündlichen Texte beibehalten. Dies gilt besonders für ihre stilistische Seite, vor allem für die Wahl der Satzkonstruktion, des Wortschatzes u.Ä.

Ich hoffe, dass Sie in diesem Büchlein Impulse finden, die Ihnen verhelfen, den Glauben zu leben, im Glauben zu wachsen und ihn weiterzugeben. Das wünsche ich Ihnen von ganzem Herzen und erbitte den Segen Gottes für Sie.

P. Stanislaw Rutka CSsR,
im Januar 2014

Das Haus Gottes – die Wohnung Gottes

Liebe Schwestern und Brüder im Glauben!

David wollte für den Herrn ein Haus bauen – das haben wir in der Lesung aus dem zweiten Buch Samuel gehört. Bis zu dieser Zeit hatte der Herr kein einziges Haus. Er wanderte mit den Israeliten in der Wüste und wohnte in einem Zelt. Er zog mit ihnen von Ort zu Ort und zeigte ihnen den richtigen Weg in das gelobte Land, in das Kanaan.

David wollte dem Herrn ein Haus bauen; eine Wohnung für ihn errichten. Der Herr schickte einen Propheten zu ihm – den Propheten Natan. Er erinnerte David, dass der Herr ihn aus seiner Heimat herausgeholt und ihn von der Weide und Herde zu sich gebracht hat, damit er Fürst über das Volk Israel wird. Er sagte zu ihm durch den Propheten Natan: *„Ich bin überall mit dir gewesen, wohin du auch gegangen bist“* (Sam 7,9). Von dieser Zeit an war Gott mit David, nachdem der Prophet Samuel ihn zum König von Israel gesalbt hatte.

Seit unserer Taufe ist Gott auch mit uns. Er ist unser Wegbegleiter; ja, er ist der beste Wegbegleiter, den es gibt. Damals begann für uns die Zeit mit Gott, die wir bewusst oder unbewusst erlebt haben. In der Kirche nennen wir sie die „Zeit des Heils“ – auf Griechisch „kairos“. Der liebe Gott, der uns – wie einst auch Abraham – zum Glauben geführt hat, kümmert sich um uns. Er geht mit uns und ist mit uns auf unserem Weg. Wo auch immer wir sind, ist auch Gott da.

Wenn die Menschen mich fragen: „Wie geht es Ihnen?" oder „Haben Sie sich schon gut eingewöhnt?", dann sage ich: „Ich fühle mich gut. Dort wo Gott ist, ist auch meine Heimat". Wir können uns freuen, wenn wir die Gegenwart Gottes erfahren dürfen. Das ist ein Zeichen des lebendigen Gottes, dass er unter uns ist und unter uns wohnt.

Wo früher der Tempel der Juden in Jerusalem stand, gibt es heute nur eine Mauer. Aber die Juden kommen zu dieser Mauer, um dort zu beten und auch die Fürbitten für alle anderen Menschen in die Mauer zu geben. Dort hat Gott einen Tempel bauen lassen. Er wollte mitten unter den Menschen sein.

Liebe Schwestern und Brüder, wir können uns auf Gott verlassen. Wir können und sollen auf seine Hilfe rechnen – wir werden nie allein sein. Gott kümmert sich um uns.

David hat von Natan erfahren, dass nicht er, sondern sein leiblicher Sohn, sein Nachfolger, ein Haus für den Herrn bauen wird. In unserer Zeit hat Gott viele Häuser. Wir bewundern die schönen, prächtigen Kathedralen und Basiliken aus verschiedenen Epochen, Bauzeiten und in verschiedenen Baustilen, z.B. aus der Zeit des Barock oder der Gotik. Gott wohnt in den Kirchen und Kapellen, die die Menschen ihm errichtet haben. Er braucht sie nicht, aber er will mit uns sein. In ihnen ist er gegenwärtig, erfahrbar und erreichbar. Dort können wir ihm begegnen, seine Stimme vernehmen und auch seine Hilfe erfahren.

Er ist ein Gott, der uns ganz nahe ist; er ist uns nicht fern. Wenn wir an den Himmel denken, dann könnten wir sofort meinen, dass er ganz weit weg von uns ist. Nein, im Gegenteil! Wir sagen: *Immanuel, Gott mit uns.* Er ist in Jesus Christus zu uns gekommen.

Vor einem Monat haben wir Weihnachten gefeiert – das Fest, an dem wir uns freuen, dass Gott in einem kleinen Kind zu uns kommt. Aber er ist nicht nur ein Mensch, sondern auch Gott. Gott, der uns kennt und bei uns wohnen möchte. Er hat schon in der Krippe in Bethlehem, und nicht nur dort, Wohnung genommen.

Wir brauchen Gotteshäuser, damit wir zu jeder Zeit zu Gott kommen und bei ihm verweilen können. Können Sie, liebe Schwestern und Brüder, beim Herrn verweilen? Eine Zeit lang kein Gespräch führen und kein Gebet sagen – nur bei ihm sein? Wir müssen nicht ständig ein Gebet oder Gebete wiederholen, sondern können manchmal auch zuhören, was Gott uns zu sagen hat. Nicht nur wir sprechen zu ihm, sondern er spricht auch zu uns, denn er ist nicht ein schweigsamer Gott. Er hört uns zu und dann antwortet er, so dass wir auch beim Gebet seine Antwort hören können. Beim Rosenkranz, bei der Heiligen Messe oder bei der Anbetung: Das sind die Zeiten, wo wir Gott erfahren und ihm begegnen können. Wenn manche Kirchen tagsüber zugesperrt bleiben, sind die Menschen unzufrieden und trostlos, weil sie nicht rein dürfen und nach Hause gehen müssen, ohne dem Herrn begegnet zu sein. Es ist schön, wenn hier in Oberpullendorf oder auch in Stoob die Kirche den ganzen Tag offen steht. Diese Türen sind einladend: Komm und sieh! Komm und hör' auf die Stimme des Herrn! Der Herr wartet auf uns in der Kirche. Egal wo, aber er wartet.

In Oberpullendorf kommen die Menschen, die etwas in der Stadt zu erledigen haben, und auch Menschen aus anderen Dörfern und Ortschaften, in die Kirche, um zu beten. Sie vertrauen dem Herrn ihre Sorgen, Nöte, Probleme und Schwierigkeiten an. Sie hoffen, dass er sie erhört und ihnen hilft. Es ist der Glaube, der uns hoffen lässt. Aufgrund des Glaubens können wir auf den Herrn rechnen und Hilfe von ihm erwarten.

Liebe Schwestern und Brüder, Gott will unter uns wohnen; er will seine Wohnung in uns haben. Wir sind dankbar für die wunderschönen Kirchen und Kapellen; für die Orte seiner Gegenwart und Nähe. Gott will aber nicht nur mitten unter uns wohnen: Gott will in uns und in unseren Herzen wohnen. Er will in unseren Herzen Wohnung nehmen, zu uns kommen und dort für immer bleiben – nicht nur für eine Stunde oder einen Tag, sondern für immer. Wir sind der Tempel Gottes. Gott hat uns berufen, mit ihm zu sein, und wir haben die Sehnsucht danach, mit Gott zu sein.

Gott will immer mit uns Menschen sein, auch wenn wir uns von ihm entfernt haben; er sucht die verlorenen Schafe. Auch wenn nur eins verloren gegangen ist, sucht er dieses eine Schaf. Er lässt die anderen 99 zurück. Und dann gibt es eine große Freude, wenn er dieses Schaf wieder gefunden hat. Seine Freude ist größer, als wir uns vorstellen können.

Gott will in uns und in unseren Herzen wohnen. Sind wir schon bereit, einen Platz für ihn zu haben, ihn einzuladen und ihn in unser Herz aufzunehmen? Kann er schon zu uns kommen?

Die Gotteshäuser sind wunderschön von außen, aber oft auch innen herrlich geschmückt. In diesem Jahr wird die Kirche in Mitterpullendorf renoviert. Sie wird schön sein. Wir haben schon einen Termin für die Wiedereinweihung der Kirche am 17. Oktober, gleichzeitig mit dem Patrozinium. Der Herr bereitet alles vor, und wir sollen uns freuen und ihm für jedes Gotteshaus und für jede Kirche danken, wo wir uns versammeln können, um ihn anzubeten und ihm für alles zu danken, was wir von ihm empfangen haben. Unser Herz braucht vielleicht auch eine Renovierung, das heißt: eine Erneuerung. Manchmal haben wir eine gründliche Renovierung oder Reinigung nötig, wie zum Beispiel einen Frühjahrsputz, wenn alles, was schmutzig und dreckig ist, entfernt und wieder sauber wird und glänzt. Diese Reinigung geschieht durch das Wort Gottes. Gott reinigt uns durch sein Wort. Nicht wir, sondern Gott selber kümmert sich um uns, dass wir auch innerlich ganz gereinigt werden. Diese Reinigung geschieht durch den Heiligen Geist. Der Herr reinigt unser Herz durch seinen Geist und schmückt es besonders mit den Gaben des Heiligen Geistes und mit allen Tugenden. So wie die Kirchen gereinigt und geschmückt werden, so werden auch wir bzw. unser Herz gereinigt und geschmückt. Dann sind wir bereit, den Herrn zu empfangen. Wenn unser Bischof kommt, dann wird vorher auch alles geputzt.

Liebe Schwestern und Brüder, das heutige Evangelium hat uns an die Kraft des Wortes Gottes erinnert, das Gott in uns sät. Dieses Wort kann auf einen Weg, auf einen felsigen Boden, in die Dornen oder auch auf guten Boden fallen. Es bringt reiche Frucht, nur wenn es auf guten Boden fällt. Auf felsigem Boden versengt es und verdorrt; in den Dornen erstickt es, und auf dem Weg wird es von den Vögeln gefressen. Wir alle brauchen einen guten Boden, damit das Wort Gottes, in unserem Herzen und in unserem Leben gute Früchte hervorbringt. Nehmen Sie sich täglich die Zeit, das Wort Gottes zu lesen und zu betrachten, damit Sie seine Kraft spüren können und damit Sie und Ihr Herz durch das Wort Gottes verwandelt werden und Ihr Herz zu einer Wohnung für den Herrn wird. Amen.

Oberpullendorf, 27.01.2010

Jesus Christus – das Licht der Welt

Liebe Mitschwestern und Mitbrüder aus Sopron, liebe Schwestern und Brüder im Glauben!

Wie kostbar, wichtig und lebensnotwenig das Licht ist, merken wir erst, wenn es für eine gewisse Zeit durch einen Stromausfall nicht brennt. Können Sie sich die Stadt Sopron oder Oberpullendorf ohne Strom und ohne Licht vorstellen? Das Leben ohne Strom und Licht ist für uns unvorstellbar. Menschen, Tiere und Pflanzen – die ganze Schöpfung – brauchen das Licht.

Hier im Burgenland freuen wir uns immer, wenn der neue Tag, wie der heutige, mit Lichtstrahlen beginnt. Wenn die Sonne scheint, geht es allen Menschen gut, so meinen sie zumindest. Es geht aber nicht nur den Menschen gut, sondern auch den Weinbergen in unserer Umgebung. Sie können dadurch hervorragende Früchte hervorbringen. Liebe Schwestern und Brüder, so ist es auch in unserem geistlichen Leben. Wir brauchen das Licht für unsere Seele und für unser Glaubensleben. Dieses Licht kommt von Jesus Christus, der für uns und unseren Glauben die Sonne der Gerechtigkeit ist; so singen wir in einem Lied.

Heute haben wir im Evangelium die Worte Jesu gehört, die er zu seinen Jüngern gesagt hat: „*Ich bin das Licht, das in die Welt gekommen ist*“ (Joh 12,46). Jesus Christus ist das Licht in der Welt und das Licht der Menschen; das Licht der Christen, die ihm nachfolgen.

Er ist das Licht, das in der Finsternis leuchtet und die Finsternis hat ihn nicht erfasst. Das Licht, das von Jesus Christus kommt, ist viel stärker als das Licht der Sonne. Die Sonne vertreibt die Nacht und die Finsternis, und es wird hell. In Norwegen zum Beispiel scheint die Sonne manchmal bis 23 Uhr oder noch länger. In dieser Zeit verliert die Finsternis, denn die Nacht ist hell.

In unserem geistlichen Leben gibt es helle und dunkle Stunden; oder auch Tage. Die Sünde treibt uns in die Finsternis. Auch wenn wir einen sonnigen Tag haben, wie heute, bleiben wir trotzdem in der Finsternis. Aus dieser Finsternis unserer Seele kann uns nur Jesus Christus, unser Retter, befreien. Nur er kann uns die Sünde nehmen und schuldfrei machen. Er vergibt uns immer unsere Sünden, wenn wir reumütig zu ihm kommen. Das geschieht jedes Mal im Bußsakrament. Die Schuld kann uns sehr belasten, aber wir sollen den Weg zu Jesus finden, damit er uns hilft und diese Last von uns nimmt. Nicht nur die Finsternis kann auf uns sehr schwer lasten, sondern unser ganzes Leben und die Momente, in denen wir Gott nicht treu waren. Nur Jesus Christus kann unsere Finsternis erhellen und uns die Ursachen zeigen, die uns daran hindern, in seinem Licht zu wandeln und zu leben.

Eine von den Ursachen, die uns daran hindern das Licht des Lebens in uns zu haben, ist unser Unglaube. Wenn wir nicht an Jesus Christus, seine Macht, seine Kraft, seine Worte und Taten glauben, die er vollbracht hat und die er immer wieder vollbringt, dann bleiben wir in der Finsternis, die oft sehr groß und unerträglich sein kann. Dann haben wir das Licht nicht in uns.

Wie groß diese Finsternis sein kann, sehen wir beim Apostel Paulus, der vor Damaskus zu Boden gefallen ist. Er war drei Tage lang blind. Er hat nichts gesehen und brauchte Hilfe. Seine Begleiter führten ihn in die Stadt, doch der Herr hatte Erbarmen mit ihm und schenkte ihm das Augenlicht wieder zurück. Der Kaplan Reiner Herteis aus Neumarkt, der während des Theologiestudiums das Augenlicht verloren hat, sagte am Ende seiner Primizmesse: „Wenn mir der Herr das Augenlicht wiederschenkt, dann werde ich alle Fotos von der Primiz anschauen".

Im heutigen Evangelium sagte Jesus: *„Ich bin das Licht, das in die Welt gekommen ist, damit jeder, der an mich glaubt, nicht in der Finsternis bleibt"* (Joh 12,46).

Liebe Schwestern und Brüder, die Jünger Jesu hatten das Licht in sich, weil sie mit dem Heiligen Geist erfüllt waren. Der Heilige Geist wirkte in ihnen und führte das Werk Jesu weiter. In der heutigen Lesung aus der Apostelgeschichte wurden Barnabas und Saulus ausgesandt, um das Wort Gottes, die Frohbotschaft von der Auferstehung Jesu in den Synagogen der Juden zu verkündigen. Die Auferstehung des Herrn hat die Finsternis des Todes weggerafft. Jesus hat den Tod und die Finsternis besiegt und kann auch unsere Finsternis besiegen. Er ist das Licht, das auch unsere Finsternis erhellen kann, auch wenn unsere Finsternis uns noch so groß zu sein scheint. Deswegen sind wir heute Abend zu ihm gekommen, weil er das Licht der Welt ist. Er ist das Licht auf unserem Glaubensweg und in unserem Alltag.

Wir wollen heute wieder nach einer kurzen Zeit der Stille den Glauben an Gott, den Vater, an Jesus Christus und den Heiligen Geist bekennen und dem Satan und all seinen Verlockungen widersagen, damit uns die Finsternis nicht gefangen nimmt, sondern damit wir das Licht des Lebens haben und in ihm wandeln. Amen.

Oberpullendorf, 28.04.2010

Das Gebet Jesu um die Einheit

Liebe Schwestern und Brüder im Glauben!

Bevor Jesus zu seinem Vater gegangen ist, betete er für seine Jünger und für alle, die an ihn durch sein Wort glauben werden.

Wir haben im heutigen Evangelium gehört: *„Heiliger Vater, ich bitte nicht nur für diese hier, sondern auch für alle, die durch ihr Wort an mich glauben. Alle sollen eins sein“* (Joh 17,20–21a). Liebe Schwestern und Brüder, das Anliegen Jesu Christi und sein Wille war die Einheit aller, die an ihn glauben. Jesus will, dass alle Menschen, die glauben, in der Einheit sind und in der Einheit leben. Es geht um die Einheit des Herzens und der Seele, die Einheit des Glaubens, die Einheit des Geistes und die Einheit der Erkenntnis des Sohnes Gottes. Aber es geht auch um die Einheit in der Liebe und um die Einheit in der Hoffnung, weil wir Christen hoffen, dass wir auch auferstehen werden. Wir alle haben eine gemeinsame Hoffnung auf die Auferstehung zu einem neuen, unvergänglichen Leben. Das ist die Hoffnung, die uns der Herr geschenkt hat.

Die Frucht des Gebetes ist diese Einheit. Jesus Christus hat als erster um diese Einheit gebetet und jetzt sollen wir als seine Jünger auch darum beten. Wenn wir beten, ist der Herr sofort bei uns: *„Denn wo zwei oder drei in meinem Namen versammelt sind, da bin ich mitten unter ihnen“* (Mt 18,20). Das Anliegen Jesu soll auch unser Anliegen sein. Wenn wir auf die Welt und auf die Menschen schauen, die nicht glauben und die auch als Getaufte aus der Kirche austreten, dann müssen wir noch mehr um die Einheit beten, damit diese eine katholische apostolische und heilige Kirche bleibt. Sie wird so bleiben, aber sie kann mit der Zeit etwas kleiner werden.

Es ist gut, dass der Heilige Geist in der Kirche wirkt. Er wird viele Menschen zum Glauben und zur Einheit führen, damit sie sich nicht zu anderen Religionen bekennen, die mit Gott nichts zu tun haben. Es gibt auch Naturreligionen und Sekten. Wir gehören zu Jesus Christus, der für uns und für unsere Einheit einst gebetet hat. Er betet weiterhin, und wenn wir beten, dann sind wir sofort mit Jesus im Gebet um die Einheit verbunden. Der Heilige Geist befiehlt diese Einheit in der Kirche, in der Welt und auch in uns. Es geht auch um die Einheit in uns. Wir sollen eins sein: im Geist, im Herzen, in der Seele, im Glauben und in der Liebe. In dieser Einheit verbindet uns *„ein Herr, ein Glaube, eine Taufe, ein Gott und Vater aller“* (Eph 4,5–6a). Das ist die Einheit. In der Apostelgeschichte lesen wir, dass die Gläubigen ein Herz und eine Seele waren. Das war die Einheit des Herzens und der Seele. Sie waren mit dem Herrn Jesus Christus so tief verbunden wie der Weinstock mit den Reben und zugleich miteinander. Das war die Einheit mit Jesus, mit Gott und die Einheit aller Glaubenden.

Liebe Schwestern und Brüder, zu dieser Einheit mit dem Herrn und miteinander sind wir alle eingeladen. Der Herr lädt uns ein, eins zu sein. Zuerst mit ihm und mit seinem Vater, und dann mit allen, die an Gott glauben. An unserer Einheit sollen die Menschen auch erkennen, dass wir zu Jesus Christus gehören und dass wir mit Gott verbunden sind. Können die Menschen an unserem Leben erkennen, dass wir zu Jesus Christus gehören?

Durch die Taufe sind wir nicht nur mit Gott, sondern auch mit allen glaubenden Menschen in der ganzen Welt verbunden. Das ist eben die Einheit; Diese Verbindung mit Gott, mit der Quelle des Lebens, ist für uns alle lebensnotwendig. Wir brauchen sie und aus dieser Quelle schöpfen wir die Kraft für unser christliches Leben und für unseren Glaubensweg. Wenn wir diesen Kontakt mit Gott verlieren, wenn wir uns von Gott entfernen, dann entfernen wir uns von der Quelle des Lebens. Wir sind dann alleine. Es ist aber nicht gut, allein zu sein, so lesen wir in der Heiligen Schrift. Wenn wir mit Gott vereint sind, dann sind wir nicht mehr allein. Glauben Sie das? Ihre Heimat ist dort, wo Sie mit Gott sind: in Österreich, in Japan oder in Afrika. Dort, wo Sie mit Gott sind, fühlen Sie sich wohl.

Durch die übrigen Sakramente werden wir immer tiefer mit Gott und miteinander verbunden. Für unser christliches Leben sind alle sieben Sakramente wichtig. Wir können kein einziges Sakrament zur Seite legen. Der Herr hat alle Sakramente für uns eingesetzt und der Heilige Geist, der Geist Jesu Christi, wirkt unter den Zeichen der Sakramente und macht Jesus Christus gegenwärtig. Durch den Heiligen Geist ist Jesus für uns da, und wir erfahren seine Gegenwart. Wenn wir jetzt in der Heiligen Messe sind, ist der Herr unter uns; er ist lebendig und gegenwärtig.

Der Heilige Geist ist der Geist der Einheit. In einem Lied singen wir: „Geist der Einheit, Heil'ger Geist, fall auf uns herab. Heile uns, lehre uns, führe uns, sende uns". Das ist das Vertrauen auf den Heiligen Geist. Er soll auf uns herabkommen; nicht nur an Pfingsten, sondern immer wieder. Wir selber brauchen allezeit den Heiligen Geist und seine Fülle. Wir können nicht sagen: „Es reicht mir jetzt. Ich habe so viel vom Heiligen Geist. Ich schwebe und fliege, weil er in mir wirkt. Ich bin nicht mehr auf der Erde". Wir brauchen ständig die Fülle des Heiligen Geistes und wir können nicht aufhören, um den Heiligen Geist zu bitten. Nur ein- oder zweimal im Jahr – das wäre zu wenig.

Wir sollten ein Gebet zum Heiligen Geist haben, das wir öfters sprechen. Sie können aber auch ganz spontan beten: „Komm, Heiliger Geist. Komm in mein Herz. Komm in mein Leben und fülle mich ganz". Wenn Sie so beten, dann warten Sie auf die Erfüllung mit dem Heiligen Geist. Vielleicht haben Sie schon diese Erfahrung gemacht, dass der Heilige Geist auf Sie herabgekommen ist? Er kommt sofort, wenn wir zu ihm beten. Das ist Vertrauen; das ist Glaube. Der Heilige Geist ist da und weht in der Kirche und auch in uns, weil wir zu Gott gehören. Der Heilige Geist ist Gott; er ist die dritte Person der Dreifaltigkeit. Beten Sie, glauben Sie und warten Sie! Sie werden immer mit dem Heiligen Geist erfüllt. Er erhört unsere Bitten. So wie wir andere Menschen rufen, so sollen wir auch den Heiligen Geist rufen, denn er ist auch eine Person: „Komm, Heiliger Geist. Komm in mein Leben, komm in meinen Geist, komm in meine Seele, komm in mein Herz!".

Durch den Heiligen Geist werden wir auch immer reichlicher mit den Gaben, Früchten und Charismen erfüllt. Es gibt viele Charismen, wir brauchen sie nicht nur für uns, sondern vor allem für die anderen. Alle Gaben, die wir von Gott erhalten, sind für andere und auch zum Aufbau der Kirche und der Gemeinschaft der Glaubenden gedacht. Zu jeder Zeit gibt Gott seine Gaben durch den Heiligen Geist, und wir werden im Glauben, in der Hoffnung und in der Liebe wachsen. Wir werden noch enger miteinander verbunden. So wirkt der Heilige Geist in unserem Leben.

Liebe Schwestern und Brüder, der Heilige Geist wird uns beten lehren, auch wenn wir nicht beten können und wenn wir schon müde und erschöpft sind, besonders abends. Versuchen Sie trotzdem zu beten! Sagen Sie nicht: „Für heute ist es schon genug. Ich kann ins Bett". Im Gegenteil! Es ist eine gute Zeit für das Gebet. Erliegen Sie nicht der Versuchung! Sagen Sie sich nicht: „Ich warte bis morgen. Da wird es besser sein zu beten". Nein. Jetzt. Wenn wir beten, dann wird uns der Heilige Geist auch von dieser Müdigkeit und Schläfrigkeit befreien. Sie sollten uns verlassen, denn der Heilige Geist weckt uns zu neuem Leben. Warum sollten wir am Abend nicht mit Gott sein? Jesus war doch im Garten Getsemani. Er hat dort gebetet, und die Apostel haben geschlafen. Es ist eine Chance für uns, durch den Heiligen Geist, durch sein Wirken am Abend mit Gott zu sein.

Der Heilige Geist wird unsere Einheit mit Gott und mit anderen gläubigen Menschen beschützen und bewahren, damit wir diese Einheit nicht verlieren oder sie geschwächt wird. Der Heilige Geist wird uns heilen, heiligen und unser Herz mit Liebe erfüllen; es reinigen, damit es immer mehr Frucht bringt. Der Wille des Herrn ist, dass wir Früchte hervorbringen. Wenn Sie am Abend den ganzen Tag im Auge haben, dann können Sie den Herrn fragen, welche Früchte hat er an diesem Tag gewirkt hat. Der Herr möchte, dass wir Früchte bringen und zwar jeden Tag. Nicht wir, sondern der Herr – aber durch uns. Der Heilige Geist stärkt unseren Glauben.

Bitten wir den Herrn in dieser Messfeier besonders um die Fülle des Heiligen Geistes, aber auch um die Einheit mit Gott und untereinander. Amen.

Oberpullendorf, 26.05.2010

Der hl. Johannes der Täufer – ein Wegweiser zu Gott

Liebe Schwestern und Brüder im Glauben!

Heute Abend stellt uns die Kirche die Gestalt Johannes des Täufers vor Augen. Seine Eltern, Elisabeth und Zacharias, waren kinderlos. Sie führten ein frommes und gottgefälliges Leben, denn sie hielten sich an die Gebote und Vorschriften des Herrn. Sie hatten keine Kinder, weil Elisabeth unfruchtbar war, und sie waren bereits im vorgerückten Alter. Aber Gott hatte Erbarmen mit ihnen. Er erhörte Zacharias' Gebet und schenkte ihnen das lange ersehnte Kind.

Der Vater wurde schon bei der Ankündigung des Kindes auf eine harte Probe gestellt. Er wurde stumm und konnte nicht mehr reden. Das war eine harte Prüfung für ihn. Diese schwere Erfahrung, die Gott zugelassen hatte, verwandelte sich in Freude, so wie ihm der Engel vorausgesagt hatte: *Über die Geburt des Kindes werden sich viele Menschen freuen* (vgl. Lk 1,14). Und sie freuen sich darüber bis zum heutigen Tag.

Wir begehen feierlich das Fest seiner Geburt. Wir erinnern uns an das große Geschehen Gottes im Leben von Elisabeth und Zacharias. Nach der Verheißung des Engels, die wir im Evangelium gehört haben, wird Johannes groß sein. Der Engel hatte es vorausgesagt. Schon im Mutterleib wurde Johannes mit dem Heiligen Geist erfüllt. *Er wird viele Menschen zu Gott bekehren* (vgl. Lk 1,15–16), und weil Gott mit ihm ist, wird er ein Zeichen und Wegweiser für viele Menschen sein. Der Name, den das Kind erhalten wird, ist Johannes. Das bedeutet: Gott ist gnädig.

Und in der Tat, Gott hatte Erbarmen mit diesen beiden und schenkte ihnen das Kind. Kinderlose Ehepaare im alttestamentlichen Israel waren nicht glücklich. Sie wurden von Gott nicht gesegnet, so haben das die Menschen damals gesehen. Und eben diese Schande hat Gott von Elisabeth und Zacharias genommen. Diese Zeit ist für Elisabeth mit dem Kind gesegnet. Bei der Namensgebung konnte Zacharias wieder seinen Mund und seine Zunge gebrauchen. Er lobte Gott für alles, was er in seinem Leben getan hat, auch wenn er nicht alles verstanden hat. Das sind seine ersten Worte gewesen: *„Gepriesen sei der Herr, der Gott Israels, denn er hat sein Volk besucht und ihm Erlösung geschaffen"* (Lk 1,68). Zacharias lobte Gott, aber nicht nur das: Er hat auch vor den Menschen ein Zeugnis dafür abgelegt, was Gott für das Volk Israel getan hat.

Johannes' Geburt war nicht nur die Geburt eines Kindes für Elisabeth und Zacharias. Nach dem Plan Gottes wurde Johannes der Täufer ein Vorläufer. Er hat Jesus den Weg bereitet, indem er die Menschen auf das Kommen des Messias vorbereitete, auf das Kommen des Herrn. Daher in seinem Namen der Zusatz „der Täufer", der auf die Aufgabe von Johannes verweist. Johannes hat den Auftrag bekommen, die Menschen zur Buße und zur Umkehr aufzurufen, und taufte die Menschen im Jordan. Seine Taufe war eine Bußtaufe: die Taufe für das neue Leben und die Vorbereitung auf das Kommen des Herrn.

Große Scharen von Menschen kamen zu Johannes an den Jordan, darunter auch Jesus. Wir wissen, dass Gott Jesus schon am Jordan offenbarte. Die Taube war ein Zeichen dafür, dass der Heilige Geist auf ihn herabkam. Gottes Stimme war hörbar: *„Das ist mein geliebter Sohn, an dem ich Gefallen gefunden habe"* (Mt 3,17).

Johannes hat die Aufgabe erhalten, die Menschen zu taufen. Liebe Schwestern und Brüder, auf Jesus hinzuweisen und die Menschen zu Gott zu führen, das ist die schönste Aufgabe der Christen. Wir leben in einer Zeit, in der wir solche Menschen brauchen, die uns den Weg weisen. Ein Stück dieses Weges ist für uns die Heilige Monatsmesse mit der Anbetung: die Begeisterung, die Freude, die strahlenden Gesichter – sie werden noch mehr strahlen, wenn sie jetzt noch nicht gänzlich strahlen – aber auch die Dankbarkeit, dass wir im Haus St. Stephan die Gegenwart Gottes erfahren dürfen, und dass Gott uns in seinem Wort ganz gegenwärtig ist. Er ist bei uns, und wir können seine Nähe und seine Gegenwart spüren. Unser Glaube wird jedes Mal stärker, denn der Herr stärkt ihn durch sein Wort.

Johannes sagte einmal über Jesus: *„Er muss wachsen, ich aber muss kleiner werden“* (Joh 3,30). Diese Worte von Johannes dem Täufer sind für uns alle ein Lebensprogramm. Der Herr soll in unserem Leben wachsen, und nicht wir. Er soll in unseren Gedanken, Worten und Taten wachsen; er soll groß sein, und wir sollen klein werden. Der Glaube an den Herrn soll immer stärker und die Verbundenheit mit ihm immer enger werden.

Liebe Schwestern und Brüder, wir brauchen solche Menschen wie Johannes den Täufer, die uns den Weg zu Gott weisen; uns diesen Weg zeigen. Wir brauchen Menschen, die uns zur Umkehr führen; wir brauchen Menschen, die mit dem Heiligen Geist erfüllt sind; die Gott treu sind und die seine Gebote mit Liebe erfüllen. Wir brauchen Menschen, die aufmerksam sind, auf das Wirken Gottes in ihrem Leben; wir brauchen Menschen, die ganz tief mit Gott verbunden sind und die den Weg für den Herrn zu den Herzen der Menschen bahnen. Durch solche Menschen werden die Gegenwart Gottes und die Nähe des Herrn in unserer Welt spürbar und erfahrbar.

Bitten wir in dieser Messfeier um solche Menschen auch mitten unter uns und dass auch wir ein wohlgefälliges Leben führen; ein Leben, das Gott gefällt und dass auch wir für andere Menschen ein Wegweiser zum Ziel sind. Amen.

Oberpullendorf, 23.06.2010

Gott – der Retter der Menschen

Liebe Schwestern und Brüder im Glauben!

Gott will, dass alle Menschen gerettet werden und zur Erkenntnis der Wahrheit gelangen. Das ist die Botschaft des heutigen Abends und zugleich die Antwort auf die Frage, die ein Mann im Lukasevangelium Jesus gestellt hat: *„Herr, sind es nur wenige, die gerettet werden?“* (Lk 13,23). Gott will, dass alle Menschen gerettet werden, also nicht nur die Katholiken und nicht nur diejenigen, die an Gott und Jesus Christus glauben. Gott möchte alle Menschen retten. Er rettet sie durch Jesus Christus, den er in die Welt gesandt hat. Sein einziger Sohn wurde in die Welt gesandt, um die Welt, das heißt die Menschen zu retten, damit *„jeder, der an ihn glaubt, nicht zugrunde geht, sondern das ewige Leben hat“* (Joh 3,16). Das ist die Frohbotschaft des heutigen Tages und Abends.

Der Glaube ist also unerlässlich dafür, gerettet zu werden und das ewige Leben zu gewinnen. Der Mensch kann sich aus eigener Kraft weder retten, noch das ewige Leben erreichen. Wir alle, die wir hier sind, sind schwache Menschen. Diese Gebrechlichkeit und Vergänglichkeit unseres irdischen Lebens spüren wir jeden Tag. Aber Gott hat die Kraft und die Macht, uns aufzurichten und uns das ewige Leben zu schenken.

Liebe Schwestern und Brüder, wir sollen uns bemühen, aus unseren natürlichen, menschlichen Kräften, aber mit der Gnade Gottes, dieses Ziel zu erreichen. Wir können das nicht, aber Gott kann alles. Deshalb sollen wir den Herrn immer um den festen Glauben bitten, sowie die Apostel den Herrn gebeten haben: *„Stärke unseren Glauben“* (Lk 17,5). Und der Herr hat ihren Glauben gestärkt.

Was müssen wir tun, um gerettet zu werden? Sollen wir nichts tun, sondern nur warten, dass er uns rettet? Wir gehen zum Arzt, wir gehen zur Arbeit; wir machen viel für unser irdisches Leben. Aber was ist mit unserem ewigen Leben? Gott schenkt uns alles, aber wir sollen es auch in Anspruch nehmen und mit der uns von Gott geschenkten Gnade mitarbeiten. Um gerettet zu werden, müssen wir zuerst an Gott glauben. Wir wissen, dass nicht alle Menschen an Gott glauben, deshalb ist es unsere Aufgabe, für sie zu beten. Wir sollen an Gott glauben, und wenn unser Glaube noch schwach ist, muss er gestärkt werden. Es reicht, wenn unser Glaube an Gott so groß wie ein Senfkorn ist. Durch Gottes Gnade und durch unser Mitwirken kann es doch zu einem großen Baum werden.

Wir sollen Gott, aber auch die von ihm geschaffenen Menschen aus ganzem Herzen, aus ganzer Seele, aus all unserer Kraft lieben. Sie sollen nicht unsere Feinde sein, denn wenn Gott etwas erschaffen hat, dann ist es gut. Adam wurde als erster Mensch erschaffen, und Gott sagte, dass dieses Geschöpf sehr gut ist. Alle, die hier versammelt sind, sind sehr gute Menschen. Sie haben von Gott einen guten Willen erhalten. Er hat uns die Liebe ins Herz eingepflanzt, und wir sind nach seinem Bild erschaffen. Schauen Sie sich Ihre Gesichter an! Sie sind von Gott erschaffen worden. Wir müssen den Menschen alle ihre Fehler vergeben. Aber nicht nur die Fehler der anderen! Wir müssen auch uns selbst vergeben, weil wir auch nicht frei von Schuld sind. Wir sollen auch Gott vergeben, wenn wir ihn beschuldigen, dass er uns unsere lieben Menschen weggenommen hat. Wir sollen also Gott, uns selber und den Mitmenschen vergeben.

Um gerettet zu werden, müssen wir das tun, was Gott gefällt. Seinen Willen suchen und ihn erfüllen. Um gerettet zu werden, müssen wir die Gebote halten. Hoffentlich werden Sie mich nicht fragen, welche Gebote. Sie kennen doch die Zehn Gebote. Wir haben nicht mehr als zehn Gebote, die Gott dem Volk Israel durch Mose gegeben hat. Nur diese zehn Gebote sollen wir halten. Gott möchte uns Freude schenken; er möchte, dass wir glücklich auf der Erde sind. Deswegen hat er uns seine Gebote als Wegweiser zum Ziel geschenkt. Durch diese Weisungen kommen wir ans Ziel. Wir können nicht wählen, welche Gebote wir halten möchten. Wir können nicht sagen: „Neun Gebote kann ich gut halten, aber das zehnte nicht mehr". Entweder nehmen wir alle zehn Gebote an, oder wir akzeptieren keins. Wenn wir also gerettet werden wollen, müssen wir alle zehn Gebote halten – aus Liebe zu Gott, der uns nur das Gute schenken will, denn von ihm kommt nur das Gute und nicht das Böse.

Um gerettet zu werden, brauchen wir nur Jesus und nicht den verschiedenen Götzen nachzufolgen, die in der Welt umherschleichen. Überall stoßen wir auf sie, nicht nur im Alten Testament. Heutzutage haben wir mit vielen Gottheiten zu tun, und Gott möchte uns von ihnen befreien, damit wir nur ihn haben, ihm allein dienen, ihn ehren, erkennen und lieben.

Um gerettet zu werden, müssen wir nach dem Evangelium Jesu Christi und nicht nach den Regeln dieser Welt leben. In diesem Raum sind nicht nur Menschen aus Oberpullendorf, Raiding und Neckenmarkt anwesend. Gott hat uns heute Abend hier versammelt. Wir wollen Jesus nachfolgen und nach seinem Evangelium leben. Und wir sollen zu jenen Menschen gehen, die sich von Gott entfernt haben. Es ist unser Zeugnis für Christus, damit auch solche Menschen Gott gewinnen und für ihn gewonnen werden. Wir sollen ihnen den Weg zu Gott zeigen.

Um gerettet zu werden, müssen wir das Gute tun und durch die enge Tür gehen. Sind Sie schon einmal durch eine enge Tür gegangen? Wer in hohen Bergen gewesen ist, der weiß, dass es manchmal nicht einfach ist, durchzukommen. Ähnlich wie durch eine enge Tür. Ich kenne unser polnisches Tatra-Gebirge, deswegen weiß ich aus eigener Erfahrung, dass es oft schwer ist, da durchzugehen. In unserem Leben sollen wir aber trotz Schwierigkeiten immer das enge, nicht das große, weite Tor wählen.

Der Menschensohn ist gekommen, um zu suchen und zu retten, was verloren war. Es ist Gott, der den Menschen als erster sucht. Er sendet seinen Sohn Jesus Christus, damit dieser den verlorenen Menschen findet. Wie der gute Hirt im Evangelium, lässt er die neunundneunzig Schafe in der Steppe zurück, um nur dieses eine zu suchen und zu finden. Als er es gefunden hat, freut er sich sehr, nimmt es auf die Schultern und trägt es zur Herde zurück. Das ist die Freude, die Gott hat, wenn jemand zu ihm zurückkommt. Unter uns gibt es Menschen, die in einem bestimmten Moment ihres Lebens den Weg mit Gott begonnen haben. Sie können Ihr Zeugnis geben, wann das geschehen ist. Wann haben Sie mit Gott neu angefangen? Es musste weder eine Katastrophe noch eine Überschwemmung weder der Tod eines lieben Menschen noch ein Unfall sein.

Gott gibt uns viele Zeichen und führt uns zu sich zurück. Es ist egal, welche Vergangenheit Sie haben. Es ist schön, dass Gott uns diesen Neuanfang ermöglicht: gestern, heute, oder morgen. Statt morgen beginnen Sie bereits heute. Das ist die Liebe Gottes, die uns nicht verlässt. Gott liebt uns so sehr, deswegen ist er ständig auf der Suche nach uns. Vielleicht haben Ihre Eltern Sie so gesucht, als Sie einmal nicht sofort nach der Schule nach Hause gekommen sind. Es kann sein, dass Ihre Mutter oder Ihr Vater Ihnen nachgelaufen ist.

Gott sucht, um zu finden. Wir entfernen uns von ihm und kommen zu ihm wieder zurück. Es passiert ständig: das Sich-entfernen und das Zurückkommen. Aber er kümmert sich um uns alle; um jeden einzelnen und jede einzelne von uns. Deshalb sollen wir auf ihn blicken, den Urheber alles Guten. Er ist die Quelle unseres Lebens und von dieser Quelle sollen wir uns nicht entfernen. Wenn wir Gott vergessen haben, sollen wir es bereuen und ihn um Vergebung bitten. Er hat großes Erbarmen und Barmherzigkeit mit uns.

Liebe Schwestern und Brüder, Jesus sagte im Evangelium: „*Denn viele, sage ich euch, werden versuchen hineinzukommen, aber es wird ihnen nicht gelingen*" (Lk 13,24b). Diese Worte Jesu wollen uns keinesfalls ängstigen oder in Furcht versetzen, denn Gott möchte uns helfen und das Heil schenken. Warum kommen nicht alle in das Reich Gottes hinein? Sie kommen nicht hinein, weil sie Unrecht getan haben; das heißt, sie haben Gott und seine Gebote missachtet. Sie haben sich, durch ihren Lebensstil und ihre Entscheidung, ohne Gott zu leben, von ihm entfernt oder ausgeschlossen, sind ihren eigenen Weg gegangen und wollten nicht mit Gott gehen, haben alle seine Zeichen ignoriert.

Liebe Schwestern und Brüder, es reicht nicht, mit Jesus zu essen, zu trinken und ihm auf den Straßen zuzuhören. Es ist wichtig, mit ihm zu sein, sein Wort zu vernehmen und danach zu leben. Jesus lädt uns ein, unser Leben eng mit ihm zu verbinden; so eng mit ihm verbunden zu sein wie der Weinstock mit den Reben. Wenn wir so mit Jesus verbunden sind, dann bringen wir auch reiche Frucht in unserem irdischen Leben, und im zukünftigen werden wir am Leben Gottes in seinem Reich teilhaben. Amen.

Oberpullendorf, 27.10.2010

Die Verfolgung der Christen

Liebe Schwestern und Brüder im Glauben!

Zu allen Zeiten gab es in der Kirchengeschichte Menschen, die wegen ihres Glaubens verfolgt und getötet wurden. Die Kirche nennt sie Märtyrer, das heißt: Zeugen. Sie bezeugten mit ihrem Einsatz und mit der Hingabe ihres Lebens den Glauben an Jesus Christus.

Anfang des 16. Jahrhunderts begann das vietnamesische Volk das Evangelium Jesu Christi anzunehmen. Vom 17. bis zum 19. Jahrhundert, vor allem unter der Herrschaft des Kaisers Minh-Mang (1820–1840), sind viele Christen zu Märtyrern geworden. Unter ihnen waren Bischöfe und Priester, aber auch Katecheten, Ordensleute und Laien. Um ihres christlichen Glaubens willen litten sie verschiedene Qualen und wurden zu Zeugen der Kirche Jesu Christi, der wahren Religion. Die einen wurden enthauptet, andere gehängt, wieder andere verbrannt oder zerfleischt, manche starben im Kerker. 117 Märtyrer aus dieser Schar sprach Papst Johannes Paul II. am 19. Juni 1988 heilig. Heute gedenken wir des Heiligen Märtyrers Andreas Dung-Lac, des Priesters und vieler seiner Gefährten.

Auch in unserer Zeit leiden zahlreiche Christen unter Verfolgungen, zum Beispiel in Indien. Voriges Jahr mussten 50.000 von ihnen ihre Häuser und Dörfer verlassen. 50 wurden getötet und 20 vermisst. Vor kurzem haben wir gehört, was mit den Gläubigen in einer Kirche in Bagdad (Irak) geschehen ist. 52 Menschen, darunter 8 Terroristen, sind ums Leben gekommen. Diese Grausamkeit haben die Medien als ein Blutbad bezeichnet.

Liebe Schwestern und Brüder, die Christen wurden von Anfang an verfolgt und getötet. Alle Apostel, mit Ausnahme des Heiligen Johannes, haben das Martyrium erlitten. Zwei von ihnen, Petrus und Paulus, in Rom. Jakobus starb in Jerusalem. Nach dem Tod von Stephanus brach eine schwere Verfolgung über die Kirche – über die ersten glaubenden Gemeinschaften in Jerusalem – herein. Die Anhänger Jesu wurden zerstreut, und nur die Apostel sind in Jerusalem geblieben. Sie haben das Wort Gottes, die Frohe Botschaft von der Erlösung mit Freimut verkündet. Die Behörden haben Ihnen verboten, im Namen Jesu zu predigen. Sie wurden verhaftet und auch gegeißelt. Die großen Verfolgungen der Christen, besonders in Rom, kamen in den ersten drei Jahrhunderten. Viele Menschen haben ihr Leben für Christus unter dem Kaiser Nero hingegeben. In dieser Zeit musste die Kirche in den Untergrund gehen. Wenn wir nach Rom kommen, sehen wir bis heute die stummen Zeugen und Zeichen ihrer Verfolgung: die Katakomben. Dort haben sich die Christen versammelt, um die Eucharistie zu feiern. Dort wurden sie auch begraben.

Liebe Schwestern und Brüder, der Glaube und die Treue zu Jesus Christus wurden bei den verfolgten Christen auf eine harte Probe gestellt. Jesus hat seinen Jüngern diese Zeit der Verfolgung vorausgesagt. Er hat ihnen angekündigt, dass die Zeit kommen werde, in der sie ihr Zeugnis für ihn ablegen und sich zu ihm bekennen müssten.

Es ist einfach zu schweigen. Wer schweigt, trägt keine Konsequenzen. Wer aber den Mund öffnet und etwas sagt, muss damit rechnen, dass seine Worte, wenn sie wahr sind, auch zur Verfolgung führen können. Jesus hat seinen Jüngern vorausgesagt, dass sie festgenommen und verfolgt werden. Sie werden ins Gefängnis geworfen und vor Könige und Stadthalter geführt werden. In dieser Zeit sollten sie Zeugnis ablegen, nicht schweigen, sondern reden, und der Herr selbst wird ihnen die Worte und die Weisheit eingeben. Er wird ihnen eingeben, was sie zu sagen haben. Sie sollen nicht vorausdenken und überlegen, was sie in dieser Zeit sagen sollen, sondern nur mit dem Herrn ganz tief verbunden sein, an ihn glauben und auf ihn vertrauen. Der Herr steht allen Verfolgten bei.

Die Anhänger Jesu wurden auch innerhalb ihrer eigenen Familien verfolgt. Wenn Sie die Heilige Schrift, die Evangelien, lesen, dann wissen Sie auch, was Jesus zu seinen Jüngern gesagt hat: *„Drei werden gegen zwei stehen, und zwei gegen drei, der Vater gegen den Sohn und der Sohn gegen den Vater, die Mutter gegen die Tochter und die Tochter gegen die Mutter, die Schwiegermutter gegen die Schwiegertochter und die Schwiegertochter gegen die Schwiegermutter*" (Lk 12,52–53). Die Eltern werden gegen die Kinder und die Kinder werden gegen ihre Eltern sein. Sogar Verwandte und Freunde werden die Jünger Jesu ausliefern und töten (vgl. Lk 21,16) Die aber sollen keine Angst haben und sich nicht fürchten.

Unser Leben gehört Gott und wir gehören zu Christus, der uns ein neues Leben geschenkt hat. Nicht nur das Leben hier auf Erden. Nicht nur das irdische Leben ist wichtig, sondern auch das Leben nach dem Tod. Es kommt zu Verfolgungen, weil sich die Menschen für Gott entscheiden, und diese Entscheidung für Christus bringt Spannungen mit sich, auch in der Familie.

Denken Sie in diesem Moment an Ihre Familie! Glauben alle Ihre Angehörigen an Gott? Nein? Deshalb sollen wir auch für sie und für unsere Verfolger beten und ihnen Jesu Segen erbitten. Wir sollen ihnen Gutes tun und ihnen vergeben, dann können auch sie die Gnade erhalten, wieder an Gott zu glauben. Menschen können sich von Gott entfernen, aber er wartet liebevoll auf sie, darauf, dass sie zu ihm zurückkommen. Er ist ein liebender Gott. Wer diesen Gott erkennt und seine Liebe erfährt, kann andere nicht verfolgen. Deshalb sollen die Christen für alle Verfolger beten und um Gottes Segen für sie bitten, darum, dass sie wieder an ihn glauben können.

Jesus sagte zu seinen Jüngern: „*Wenn ihr standhaft bleibt, werdet ihr das Leben gewinnen*“ (Lk 21,19).

Liebe Schwestern und Brüder, unser Herr Jesus Christus braucht auch heute mutige Menschen, die ihm auf dem Weg des Glaubens folgen. Er braucht Menschen, die Kraft haben und seine Wahrheit in der Welt bezeugen. Er braucht Menschen, die ganz tief mit ihm verbunden sind; Menschen, die in der Liebe leben und in der Liebe bleiben. Er braucht Menschen, die ihm mit ungeteiltem Herzen dienen und ihn lieben; Menschen, die seine Worte in die Tat umsetzen. Jesus Christus braucht heute Menschen, die wie er selbst leben und auch solche, die wie die zahlreichen Märtyrer ihr Leben hingeben.

Liebe Schwestern und Brüder, bitten wir Gott in dieser Messfeier um einen unerschütterlichen Glauben und um den Mut, Jesus Christus, den Herrn, bis zum Ende unseres Lebens in der Welt standhaft zu bezeugen. Amen.

Oberpullendorf, 24.11.2010

Der Herr wird kommen, bereitet ihm den Weg

Liebe Schwestern und Brüder im Glauben!

Die Adventszeit, die wir nun begehen, wurde uns allen in diesem Jahr geschenkt. Der Herr ist gut, er gibt immer etwas, ja sogar viel. Es ist die Zeit der Erwartung, des frohen Wartens auf das Kommen des Herrn. Wir alle wissen, dass der Herr kommt. Im Eröffnungsvers der heutigen Messfeier lesen wir folgende Worte: *Der Herr wird kommen und nicht zögern … und sich allen Völkern offenbaren* (vgl. Hab 2,3; 1 Kor 4,5). Und im Kommunionvers steht geschrieben: *Seht, unser Herr kommt mit Macht* (vgl. Jes 40,10).

Liebe Schwestern und Brüder, wir alle warten auf den Herrn. Bestimmt warten manche schon sehr lange. Wir warten mit großer Sehnsucht auf das Kommen des Herrn. Nicht nur an Weihnachten, nicht nur am Ende der Welt, sondern auch in unserem Leben. Er ist immer im Kommen und er will zu uns kommen. Die Israeliten von damals haben sehr lange auf das Kommen des Messias gewartet. Als er gekommen ist, haben viele ihn nicht erkannt. Die Hirten waren die ersten Überbringer der frohen Botschaft, dass Jesus geboren wurde. Sie sind zur Krippe gekommen, und auch die Weisen aus dem Morgenland haben den Weg zum Herrn gefunden. Ebenso Simeon und die Prophetin Hanna hatten das Glück, Jesus Christus zu sehen, auf ihn zu schauen, ihn zu verehren und ihm Ehrfurcht zu bezeigen. Es gab aber auch all die anderen, die Jesus mit ihren eigenen Augen nicht gesehen und persönlich nicht erfahren haben. Bis jetzt warten die Juden auf den Messias. Und wie ist es bei uns? Sind wir dem Herrn schon begegnet?

Jedes Jahr feiern wir das Weihnachtsfest mit wunderschöner Beleuchtung in unserer Stadt. Nach der Heiligen Messe im Spital fahre ich gerne durch die Stadt und segne sie. Dieses Licht soll von Jesus Christus kommen; das Licht von Bethlehem. Kennen Sie diesen Brauch? Immer wieder holen wir „das Licht von Bethlehem", aber das wahre Licht ist Jesus Christus. Er erleuchtet die Menschen; er erleuchtet jene, die in Finsternis und im Schatten des Todes bleiben. Gibt es solche Menschen auch heutzutage oder stehen wir alle im Licht? Der Herr gibt das Licht für unser Leben. Er ist das Licht der Welt; das Licht, das jedem Menschen zugutekommt.

Es ist gut, wenn wir Licht haben. Dann können wir den Weg nicht verfehlen und finden ihn leicht – den Ausweg aus unserer Lebenssituation. Wir sehen keinen Ausweg, wenn wir Schwierigkeiten haben, aber wenn der Herr kommt und uns erleuchtet, dann sehen wir unser Leben, unsere Zukunft, dann wissen wir, was wir tun und wie wir uns verhalten sollen.

Nicht alle Menschen glauben an Jesus und nicht alle sind ihm begegnet. Deshalb sollen wir mit dem Herrn verbunden sein. *„Bereitet dem Herrn den Weg"*, hören wir im Advent. Diesen Weg sollen wir zuerst finden. Welchen Weg sollen wir denn finden? Nach Oberpullendorf, Stoob, Lutzmannsburg oder Frankenau? Wir haben wunderschöne Straßen, aber es geht hier nicht um die guten Wege wie eine Autobahn oder eine Landesstraße, sondern um den Weg zum Herzen der Menschen.

Zuerst um den Weg zu unserem eigenen Herzen. Gott will auf diesem Weg zu uns kommen, aber wir sollen ihm diesen Weg bahnen und aufbauen. So wie die Schnellstraße verlängert wird, so sollen auch wir einen Weg für den Herrn machen, damit er irgendwo nicht stehen bleibt und bei uns nicht ankommt. Er soll zu unserem Herzen „freie Bahn" haben. Manchmal gibt es Hindernisse auf dem Weg, und diese muss man ausräumen, sonst kommt kein Auto weiter. Genauso ist es in unserem Leben: Wir sollen dem Herrn den Weg bereiten. Alles, was den Herrn daran hindert, zu uns zu kommen, sollen wir ausräumen. Es sind unsere Sünden, unsere Schuld, aber auch das, was wir unterlassen haben. Deshalb ist die Beichte so wichtig in dieser Zeit. Wir sollen das Bußsakrament empfangen, weil der Herr uns dort begegnet. Wir können ihn dort erfahren: seine Güte, seine Liebe, seinen Frieden. Der Herr ist im Kommen, aber es hängt auch von uns ab, wann er bei uns ankommt. Nicht erst an Weihnachten. Wir sollen den Herrn immer wieder einladen.

Es gibt viele Menschen, die mit Sehnsucht auf ihn warten. Sie kennen ihn nicht, aber durch uns können sie dem Herrn begegnen. Viele brauchen den Herrn. Deshalb, liebe Schwestern und Brüder, sollen wir ihm den Weg bahnen, so wie der hl. Johannes der Täufer. Er hat den Weg gebahnt und die Menschen auf das Kommen des Herrn vorbereitet. Sie kamen zu ihm, haben ihre Sünden bekannt und ließen sich von ihm im Jordan taufen. Wir sollen auch unsere Sünden bekennen, wenn Jesus kommt. Und sie werden uns vergeben, denn der Herr vergibt die Schuld und unsere Sünden. Er befreit uns von allem Bösen. Das heißt Weihnachten. Wenn wir dem Herrn erlauben, zu uns zu kommen, dann nimmt er unsere Last von uns, befreit uns und vergibt unsere Sünden.

Wir müssen nicht alles tragen, was wir erlebt haben, auch Schlimmes nicht. Haben Sie zu Hause einen Abstellraum, dann können Sie dort etwas abstellen. Alles, was Sie bedrückt und belastet, können Sie beim Herrn abstellen. Er nimmt es gerne auf sich auf. Gehen Sie zu ihm mit Ihren Sorgen, Problemen und Schwierigkeiten und vertrauen Sie ihm! Der Herr wird Ihnen helfen und Sie von Ihrer Last befreien. Sie werden zu einem freien Menschen; Sie werden wieder lachen und Ihr Gesicht wird fröhlich werden. Wir müssen nicht trauern, wenn der Herr bei uns ist. Wenn er weg ist, dann sind wir traurig. Wenn er aber mit uns auf dem Weg geht, dann haben wir Freude. Im Advent hören wir, dass wir die Ankunft des Herrn mit Freude erwarten und nicht traurig sein sollen. Der Herr ist gut.

Der hl. Johannes der Täufer hatte auch seine Zweifel. Er schickte zwei Jünger zu Jesus, und sie sollten ihn fragen, ob er derjenige ist, den sie erwarten. Sie stellen Jesus die Frage: „*Bist du der, der kommen soll, oder müssen wir auf einen anderen warten?*" (Mt 11,3). Und wie antwortet Jesus den Jüngern? „*Geht und berichtet Johannes, was ihr hört und seht: Blinde sehen wieder und Lahme gehen; Aussätzige werden rein und Taube hören; Tote stehen auf und den Armen wird das Evangelium verkündet*" (Mt 11,5).

Liebe Schwestern und Brüder, das ist der Herr. Wir erkennen, dass er gekommen ist, wenn die Blinden wieder sehen können, wenn Lahme und Krüppel wieder gehen und wenn die Menschen von vielen Krankheiten geheilt werden. Das ist das Zeichen: wenn sie von allen bösen Mächten befreit werden. Das bedeutet, dass der Herr am Werk ist. Er heilt und befreit.

Liebe Schwestern und Brüder, Johannes der Täufer war eine Stimme in der Wüste. Er rief die Menschen zur Umkehr. Die Umkehr betrifft auch uns: sich Gott zuwenden und die alten Wege, Irrwege oder Abwege verlassen. Wir sollen auf dem Weg gehen, den uns Jesus gezeigt hat.

Liebe Schwestern und Brüder, Jesus möchte unsere verwundeten und zerbrochenen Herzen heilen. Wir haben Zugang zu ihm und können auf diesem Weg mit ihm gehen. Auch Maria und Elisabeth haben in der Stille ihrer Herzen auf den Herrn gewartet. Er kam zu ihnen, und Maria sagte: „*Ich bin die Magd des Herrn, mir geschehe, wie du es gesagt hast*" (Lk 1,38). So sollen auch wir sprechen und zulassen, dass er zu uns kommt.

Jesus möchte zu jedem Menschen kommen, also nicht nur zu uns, sondern zu jedem Menschen auf der ganzen Welt. Bitten wir den Herrn in dieser Messfeier für alle Menschen, dass sie in ihrem Leben dem Herrn begegnen und dass sie bei diesem Weihnachtsfest Freude haben; die Freude, die von Jesus Christus kommt. Bitten wir den Herrn, dass er uns zu jenen Menschen schickt, die in der Finsternis des Todes und der Sünde leben, damit auch sie zum Licht kommen. Amen.

Oberpullendorf, 15.12.2010

Der hl. Polykarp

Liebe Schwestern und Brüder im Herrn und im Glauben!

Die Christen wurden schon von Anfang an wegen ihres Glaubens verfolgt und getötet. Die Kirche nennt sie Märtyrer, das heißt Zeugen – sie haben Jesus Christus, ihren Herrn und Meister bezeugt und für ihn ihr Leben hingegeben. Am heutigen Tag gedenken wir einen von vielen Glaubenszeugen, die ihr Leben aus Liebe zu Christus hingegeben haben – des hl. Polykarp, des Märtyrers. Er kannte noch den Apostel Johannes und wurde von ihm als Bischof in Smyrna bestellt. In Kleinasien hatte er einen großen Einfluss. Die Heiden nannten ihn den Lehrer Asiens, den Vater der Christen und den Zerstörer der Götter. Als der römische Statthalter ihm befahl, Christus zu verfluchen, antwortete er: "Sechsundachtzig Jahre diene ich Ihm und Er hat mir nie ein Leid angetan – wie könnte ich meinen König lästern, der mich erlöst hat?". Er wurde zum Tod auf dem Scheiterhaufen verurteilt, und als das Feuer ihn nicht tötete, wurde er mit einem Dolch durchbohrt. Über sein Martyrium ist ein zuverlässiger Bericht erhalten. Polykarp ist der letzte Zeuge aus dem apostolischen Zeitalter.

Liebe Schwestern und Brüder! In der Lesung aus der Offenbarung des Johannes haben wir soeben die Worte gehört: „*Fürchte dich nicht vor dem, was du noch erleiden musst … Sei treu bis in den Tod"* (Offb 2,10). Jesus sagte oft zu seinen Jüngern: *„Fürchtet euch nicht!"* (Mt 28,10). Ein anderes Mal sagte er: *„Fürchtet euch nicht vor denen, die den Leib töten, die Seele aber nicht töten können"* (Mt 10,28). Die Seele wird in Ewigkeit leben. Das ist die frohe Botschaft des heutigen Abends. Wenn jemand uns also das Leben raubt, bedeutet es nicht, dass wir zugrunde gehen und ein Ende haben, im Gegenteil – der Herr hat uns eine Seele geschaffen, die ewig leben wird, und zwar mit ihm in der Gemeinschaft mit allen Heiligen, auch mit dem hl. Polykarp. Wir können uns freuen – ob wir Märtyrer werden oder nicht, das spielt keine Rolle. Wir sollen nur mit dem Herrn sein, in seiner Gemeinschaft bleiben, treu bis zum Tod, im Glauben ausharren, den Glauben bewahren und an andere Generationen weitergeben. Es ist ein Geschenk, das uns durch die Taufe gegeben wurde.

Im heutigen Evangelium hat Jesus seinen Jüngern vorausgesagt, was in der Zukunft auf sie zukommt. So wie er selbst werden die Jünger Jesu auf Ablehnung stoßen, sie werden von der Welt gehasst, das heißt von den Menschen, die in dieser Welt sind und nach ihren Gesetzen leben und handeln. Bei Gott gelten ganz andere Gesetze, deshalb gibt es hier eine Spannung zwischen dem Geist Gottes und dem Geist der Welt. Der Geist Gottes – der Heilige Geist – kommt von Gott. Der andere Geist ist der Geist der Welt, der nicht von Gott stammt, deshalb wird es hier zu einem Kampf zwischen diesen beiden Geistern kommen. Wer gewinnt, wissen Sie bestimmt schon – Gott ist der Sieger über alle Mächte der Unterwelt. Gestern haben wir das Fest Kathedra Petri gefeiert. Der Herr hat dem Petrus gesagt: *„Auf diesen Felsen werde ich meine Kirche bauen, und die Mächte der Unterwelt werden sie nicht überwältigen"* (Mt 16,18). Das bedeutet: der Herr hat die Macht über alle Mächte der Finsternis, er ist der Sieger. Schauen Sie auf Jesus, der am Kreuz hängt. Er hat den Tod besiegt, er ist auferstanden, deshalb sind wir auch hier. Er lebt, und wir werden auch leben, auch wenn wir als Märtyrer sterben – macht nichts, oder? Sind Sie bereit, das Martyrium zu erbitten – zu erleiden? Der Herr gibt die Kraft. Nicht jeder kann ein Märtyrer sein. Die Namen der Märtyrer sind im Buch des Lebens verzeichnet?

Liebe Schwestern und Brüder! Die Jünger Jesu leben nicht nach den Gesetzen der Welt, sondern nach den Gesetzen Gottes. Er hat uns seine Gebote geschenkt, damit wir glücklich werden, damit wir in seiner Gemeinschaft bleiben. Deshalb ermutigt Christus die Jünger, dass sie treu bleiben, standhaft bis zum Schluss, dass sie auf ihn schauen, dass sie von ihm die Kraft schöpfen – für ein Leben aus dem Glauben. Heute nach der heiligen Messe gehen wir in die Welt, aber als Zeugen. Wir bezeugen Christus, den auferstandenen Herrn: Er lebt, er hat für uns gelitten, er ist gestorben, aber er ist auferstanden. Und es ist auch unsere Hoffnung am heutigen Abend, dass wir nicht allein in die Welt gehen. Wir gehen mit Christus, der die Kraft der Märtyrer war, der auch unsere Kraft ist. Jesus sagte einmal zu seinen Jüngern: *„Wenn sie mich verfolgt haben, werden sie auch euch verfolgen"* (Joh 15,20). Wenn wir treu sind, wenn wir in Christus bleiben, werden wir verfolgt, alle anderen nicht – nur diejenigen, die sich zu Christus bekennen. Der Geist der Welt kann diejenigen nicht leiden, die aus dem Geiste Gottes leben – er muss gegen sie kämpfen. Haben Sie je eine Erfahrung mit den Geistern gemacht, die nicht von Gott kommen? Bestimmt. Wenn sie sich Ihnen nähern, gehen sie gleich weg. Wer ist also stärker? – Jesus, der Herr. Haben Sie Mut, durch diese Welt zu gehen! Aber nicht alleine. Sie werden Sieger, aber nur mit Jesus Christus. Er hat allen Verfolgern am Kreuz vergeben. *„Vater, vergib ihnen, denn sie wissen nicht, was sie tun"* (Lk 23,34). An einer anderen Stelle im Evangelium sagte Jesus zu seinen Jüngern: „*Betet für die, die euch verfolgen*" (Mt 5,44). Also auch für die, die uns verfolgen, sollen wir beten. Wissen Sie warum? – Damit sie sich bekehren, damit sie zu Gott finden, damit sie zum Glauben kommen, damit sie statt Verfolger Anhänger Jesu werden – so wie Paulus vor Damaskus. Es ist möglich, dass alle unsere Verfolger (oder Feinde, wenn wir sie so nennen) sich einmal bekehren. Vielleicht werden sie bald auch mit Ihnen in der Kirche beten, in der ersten Bank sitzen – das wäre schön.

Liebe Schwestern und Brüder! Der Glaube und die Treue zu Christus wurden bei den verfolgten Christen auf eine harte Probe gestellt. Sie wurden festgenommen und ins Gefängnis geworfen, aber dort haben sie den Herrn gelobt und gepriesen – so wie wir das oft tun. Durch den Lobpreis sind Paulus und Silas die Ketten abgefallen, und die Tore des Gefängnisses wurden geöffnet. Petrus war auch im Gefängnis, aber die Gemeinde betete für ihn. Der Engel des Herrn kam zu ihm und führte ihn heraus. Petrus dachte zuerst, dass es nur ein Traum ist – das war aber die Wirklichkeit.

Liebe Schwestern und Brüder! Die Jünger Jesu sollen keine Angst haben und ohne Furcht leben, weil der Herr ihnen beisteht. Er stärkt sie in der Stunde der Prüfung. Er beschützt sie und gibt ihnen die Kraft in der Zeit der Bedrängnis. Er gibt immer die richtigen Worte, die wir aussprechen sollen.

Liebe Schwestern und Brüder! Unser Herr Jesus Christus braucht auch heute mutige Menschen, die ihm auf dem Weg des Glaubens folgen, die ihm nachfolgen. Er braucht auch heute Menschen, die Kraft haben, ihn und seine Wahrheit in der Welt zu bezeugen, die mit ihm ganz tief verbunden sind. Jesus Christus braucht auch heute Menschen, die ihm in der Liebe und mit einem ungeteilten Herzen dienen. Er braucht solche Menschen, die – so wie die vielen Märtyrer – ihr Leben aus Liebe zu ihm hingeben.

In dieser Messfeier beten wir besonders um einen unerschütterlichen Glauben, damit auch wir unseren Herrn Jesus Christus in der Welt bezeugen können. Amen.

Oberpullendorf, 23.02.2011

Die Zehn Gebote

Liebe Schwestern und Brüder im Glauben!

Auf unserem Lebensweg brauchen wir einen Wegweiser, damit wir in die richtige Richtung gehen können. Wir brauchen solche Wegweiser im Straßenverkehr, aber auch wenn wir in den Bergen sind, damit wir den Weg nicht verfehlen, sonst kann es für uns gefährlich werden. Mit Wegweisern erreichen wir leichter unser Ziel, zu dem wir unterwegs sind. Es kann ein Berggipfel, ein Ort oder eine Stadt sein. So ist es auch in unserem geistigen und religiösen Leben. Auch hier brauchen wir Hinweise, Anregungen, Impulse und Wegweiser, die uns helfen, auf dem richtigen Weg zu bleiben und zu gehen.

Liebe Schwestern und Brüder, als ich in Oberstaufen, Kalzhofen tätig war, stellte ich einmal bei der Ministrantenstunde eine Frage. Die Kinder haben auf diese Frage auch geantwortet. Die Frage lautete: Wer hat die Heilige Schrift geschrieben? Ich war erstaunt, was sich die Kinder alles ausdenken können. Die erste Antwort lautete: der Papst hat die Heilige Schrift geschrieben. Ein anderes Kind sagte: der Bischof oder die Bischöfe.

Heute stelle ich euch, den Erwachsenen, eine andere Frage: Woher kommen die Gebote? Es ist eine ganz einfache Antwort, die wir alle kennen. Wir wissen und sind davon überzeugt, dass diese Gebote von Gott kommen. Niemand von uns hat Gott gesehen, oder? Mose hatte diese Möglichkeit, Gott von Angesicht zu Angesicht zu sehen. Er hat von Gott die zehn Gebote erhalten, aber nicht für sich, sondern für das ganze Volk Israel. Das geschah auf dem Berg Sinai. Heute nennen wir diesen Berg: Moseberg. Dort begegnete Mose Gott, von dem er die zehn Gebote erhielt.

Gott hat uns die Gebote auf zwei Tafeln aufgeschrieben. Es waren steinerne Tafeln, mit denen Mose vom Berg hinunterkam. Wir können diese Erzählung in der Heiligen Schrift verfolgen. Mose hat die Gebote von Gott für das Volk Israel erhalten. Sie wurden dem Volk Gottes gegeben, damit es den richtigen Weg nicht verfehlt und darauf bleibt; damit es eine Orientierung im Leben hat und damit sein Leben beschützt wird. Gott bietet seine Hilfe an und er, der Gesetzgeber, wird durch diese Gebote verehrt, wenn das Gottesvolk sie hält und achtet.

Liebe Schwestern und Brüder, im Stundengebet habe ich heute die folgenden Worte gelesen. Sie stammen aus dem Psalm 119,111–112: *„Deine Vorschriften sind auf ewig mein Erbteil; denn sie sind die Freude meines Herzens. Mein Herz ist bereit, dein Gesetz zu erfüllen bis ans Ende und ewig"*. Der Psalmist hat Freude an den Vorschriften Gottes. Nicht nur, dass er sie liest, er erfüllt sie auch. Wir können verschiedene Vorschriften haben, aber wir sollen sie auch befolgen. Sie verlangen von uns, dass wir sie halten. Genauso ist es mit den Zehn Geboten. Ich hoffe, dass jeder und jede von uns diese Zehn Gebote ganz genau kennt, ich werde Sie nicht abfragen. Diese zehn Gebote, die uns Gott geschenkt hat, garantieren unser Leben. Wenn wir sie halten, werden wir am Leben bleiben und das Leben in uns haben, weil sie von Gott stammen, der das Leben schenkt. Gott möchte uns durch diese Vorschriften, Gesetze oder Gebote helfen, damit wir nicht nur das Leben bewahren, sondern so leben, dass wir glücklich werden. Hoffentlich kennen und halten Sie Gottes Gebote und sind glücklich. Gott will, dass wir hier auf der Erde glückliche Menschen sind. Das können wir sein, wenn wir mit Gott verbunden sind. Seine Gesetze oder Vorschriften werden uns nicht ängstigen oder beunruhigen, sondern wir werden uns freuen, sie von Gott erhalten zu haben.

Die Freude am Herrn ist unsere Kraft. In der heutigen Lesung aus dem Buch Deuteronomium sagte Mose zum Volk: *„Ihr sollt sie lernen, auf sie achten und sie halten"* (Dtn 5,1). Mose – das war schon die Rede vor seinem Tod – verlangte vom Volk, dass die Gebote, die Gott einmal gegeben hatte, nicht nur unverändert bleiben, sondern vom Volk gehalten werden, und dass es nach diesen Geboten lebt. Kann man eins von den Geboten weglassen, wenn es uns nicht entspricht? Zum Beispiel nur fünf Gebote halten und alle anderen nicht? Das geht nicht. Wenn wir zehn Gebote erhalten haben, dann sollen wir sie alle halten, weil sie doch so wichtig sind. Zum Glück gibt es nur zehn davon. Was wäre, wenn wir zwanzig oder noch mehr hätten? Gott hat uns nur zehn gegeben. Sind Sie damit zufrieden oder wollen Sie noch mehr haben? Diese Gebote hat uns Gott gegeben, damit wir hier auf Erden glücklich sind und glücklich werden.

Liebe Schwestern und Brüder, unser Herr Jesus Christus ist nicht gekommen, um die Gesetze aufzuheben, sondern um sie zu erfüllen, so haben wir im heutigen Evangelium gehört: *„Bis Himmel und Erde vergehen, wird auch nicht der kleinste Buchstabe des Gesetzes vergehen, bevor nicht alles geschehen ist"* (Mt 5,18). Die Menschen können sie vergessen, aber Gott legt sie ihnen ins Herz. Die Bücher können vergehen. Wann hat Gott diese Gebote gegeben? Wissen Sie in welchem Jahr oder zumindest in welchem Jahrhundert? Mose lebte 1250 vor Christi Geburt. So viele Tausende von Jahren sind sie also alt. Gott schreibt die Gebote in unser Herz, und jeder Mensch, ob er an Gott glaubt oder nicht, trägt sie im Herzen. Dadurch weiß er, was gut ist; er kann sich zwischen dem Guten und dem Bösen entscheiden. Es ist Gott, der uns diese Vorschriften und

Gesetze gegeben hat, damit wir auf dem richtigen Weg bleiben; damit wir den Lebensweg nicht verlieren; damit wir die Orientierung haben und damit unser Leben beschützt wird.

Wir wollen in dieser heiligen Messe beten, dass der Herr uns die Kraft gibt, diese Gebote zu halten, dass wir wirklich das Ziel unseres Lebens erreichen können und mit Gott in seiner Gemeinschaft leben. Amen.

Oberpullendorf, 30.03.2011

Die Begegnung mit dem auferstandenen Herrn

Liebe Schwestern und Brüder im österlichen Glauben!

Wir kennen den Weg zum Friedhof. Wenn unsere lieben Angehörigen oder Bekannten sterben, dann gehen wir zuerst zum Begräbnis, um ihnen die letzte Ehre zu erweisen. Die Liebe, die uns mit ihnen verbindet, geht über den Tod hinaus. Wir versuchen auch, ihre Gräber dort auf dem Friedhof zu besuchen. In der Ruhe können wir uns an die Erlebnisse oder Ereignisse erinnern, die uns mit diesem Menschen verbunden haben. Dort können wir weinen, aber auch für die Verstorbenen beten.

Genauso war es mit Maria, die zum Grab Jesu gekommen ist. Sie stand draußen vor dem Grab und weinte. Während sie weinte, beugte sie sich in die Grabkammer hinein und sah zwei Engel sitzen (vgl. Joh 20,11–12). Den Leichnam Jesu fand sie nicht. Sie sah Jesus nicht. Sie suchte ihn und meinte, es sei jemand gekommen und habe ihn weggenommen. Warum wollte sie dort beim Leichnam Jesu verweilen? Sie liebte Jesus, und er bedeutete ihr viel. Er hat sie zu Lebzeiten von vielen Dämonen befreit und ihre Verletzungen geheilt. Sie wurde ein neuer, liebender Mensch. Jesus hat ihr die göttliche Liebe geschenkt.

In dieser Begegnung mit Jesus wurde sie ein ganz anderer Mensch, denn sie hat die Liebe erfahren. Diese reine göttliche Liebe und Dankbarkeit hat sie zum Grab Jesu geführt. *Warum weinst du?*, fragten sie die Engel und dann auch Jesus, den sie nicht erkannte, weil sie meinte, es sei der Gärtner. Sie sagte zu den Engeln: *„Man hat meinen Herrn weggenommen, und ich weiß nicht, wohin man ihn gelegt hat"* (Joh 20,13). Und zu Jesus sagte sie: *„Herr, wenn du ihn weggebracht hast, sag mir, wohin du ihn gelegt hast. Dann will ich ihn holen"* (Joh 20,15).

Liebe Schwestern und Brüder, warum weint ihr? Diese Frage stellt Jesus jedem und jeder von uns, wenn wir weinen. Ist dein geliebter Mensch gestorben? Oder hat dir jemand den Herrn weggenommen? Die Liebe zum Herrn hat uns in die Kirche geführt, wo wir in der Osternachtsfeier und am Ostersonntag die Wahrheit gehört haben, dass der Herr wahrhaft auferstanden ist und dass sein Grab leer ist. Er lebt und liegt nicht mehr im Grab. Wenn wir ihn dort suchen, finden wir ihn bestimmt nicht. Im heutigen Evangelium ist er Maria und den Jüngern begegnet. Oft wussten sie nicht, dass es der Herr war. Nur wenn er die Menschen mit ihrem Namen angesprochen hat, haben sie ihn erkannt.

Die Jünger freuten sich, als sie den Herrn sahen. Er tadelte ihren Unglauben und ihre Zweifel: *„Begreift ihr denn nicht? Wie schwer fällt es euch, alles zu glauben, was die Propheten gesagt haben. Musste nicht der Messias all das erleiden?"* (Lk 24,25–26). Und zu den verängstigten Jüngern sagte er: *„Ich bin es; fürchtet euch nicht!"* (Mt 14,27). Und ein anderes Mal: *„Friede sei mit euch"* (Lk 24,36).

Liebe Schwestern und Brüder, Maria ist Jesus begegnet, weil sie ihn gesucht hat. Sie konnte ihn aber nicht festhalten. Wir können Jesus nur begegnen, aber ihn nicht zwingen, dass er bei uns bleibt. Jesus kann manchmal an uns vorbeigehen, wenn wir kein Interesse an ihm haben. Wenn wir uns nicht nach dem Herrn sehnen oder ihn nicht erwarten, wenn wir ihn nicht lieben, dann geht er weiter.

Jesus wollte auch zu den anderen kommen, um ihren Glauben zu stärken, besonders den Glauben an seine Auferstehung. Deshalb können wir ihn nicht festhalten, denn er muss auch zu den anderen gehen. Er ist auch 500 Brüdern zugleich erschienen. Für Jesus ist alles möglich. Er sendet Maria mit einem Auftrag zu den Jüngern. Sie soll zu ihnen gehen und berichten, dass er lebt. Maria sagt dann zu ihnen: *„Ich habe den Herrn gesehen"* (Joh 20,18). Solche Begegnungen mit Jesus können nur Freude bringen. Wir haben Freude jedes Mal, wenn wir zur Eucharistiefeier kommen und dann nach Hause gehen, weil wir dem Herrn begegnet sind. Oder gehen Sie traurig nach Hause, so wie Sie in die Kirche gekommen sind? Die Begegnung mit dem auferstandenen Herrn bringt Freude und erfüllt unsere Herzen mit Frieden. Nach jeder Begegnung mit ihm können wir anders leben und anders sein.

Liebe Schwestern und Brüder, wo begegnen wir dem Herrn? Zuerst an seinem Grab. Wer von Ihnen im Heiligen Land war, hat die Erfahrung gemacht, an seinem Grab zu sein. Wir haben in diesem Jahr das Glück gehabt, die Heilige Messe am Grab Jesu feiern zu können. Ich habe Liebe und Frieden gespürt. Es musste der Herr sein. Aber auch bei uns spürt man den Herrn, wenn wir am Karfreitag oder Karsamstag in die Kirche kommen, wo das Allerheiligste zur Anbetung ausgesetzt ist. Wo können wir dem Herrn sonst noch begegnen? Am Grab unserer lieben Verstorbenen. Wir begegnen ihm in den Sakramenten, besonders in der Eucharistiefeier und im Bußsakrament, aber auch in seinem Wort. Er spricht zu uns. Er berührt unsere Herzen und bewegt uns zu einem neuen Leben.

Bitten wir den Herrn in dieser Messfeier, dass er unsere Augen und unser Herz für seine Gegenwart öffnet, damit wir ihn erkennen. Er sendet uns jedes Mal, wie Maria im heutigen Evangelium, zu unseren Brüdern und Schwestern im Glauben, damit wir ihn bezeugen und allen sagen, dass wir ihm begegnet sind und dass er lebt. Dieses Zeugnis brauchen die Menschen unserer Zeit. Sie brauchen Boten, die ihnen Liebe und Frieden mitbringen. Keinen Streit und keine Spannungen, sondern Freude, Frieden und Liebe. Ein solches Zeugnis kann die Menschen stärken und ihre Tränen abtrocknen. Nehmen wir diese Frohbotschaft von der Auferstehung des Herrn mit und bezeugen wir ihn, bezeugen wir, dass er lebt. Amen.

Oberpullendorf, 27.04.2011

Der selige Papst Johannes Paul II. – ein Vorbild für die Christen

Liebe Mitbrüder im priesterlichen Amt, liebe Schwestern und Brüder aus Sopron, liebe Schwestern und Brüder im österlichen Glauben!

Im heutigen Evangelium haben wir die Worte Jesu gehört, die uns sowohl beunruhigen als auch froh machen. Jesus fragte den Simon Petrus nach der Liebe: *„Simon, Sohn des Johannes, liebst du mich mehr als diese?“* (Joh 21,15). Dreimal hat Jesus ihm diese Frage gestellt. Dreimal hat Simon Petrus ihm geantwortet: *„Ja, Herr, du weißt, dass ich dich liebe … du weißt alles“* (Joh 21,15.17b). Und Jesus sagte zu ihm: *„Weide meine Schafe!“* (Joh 21,16b). Und zum Schluss: *„Folge mir nach!“* (Joh 21,19b).

Durch dieses Bekenntnis des Petrus hat Jesus ihm die ganze Herde und die Verantwortung für alle Schafe anvertraut. Damals waren es noch nicht so viele, aber jetzt sind es schon über eine Milliarde. Solche Fragen nach der Liebe hatte Jesus bestimmt auch unserem seligen Papst Johannes Paul II. gestellt. Nach der Antwort: „Ich liebe dich, Herr“, hat er ihm die ganze Herde anvertraut. Heute auch fragt uns Jesus: *Liebst du mich? Liebst du mich mehr als diese?* Jeder von uns kann antworten. Heute, morgen oder übermorgen. Es eilt nicht, Jesus kann warten. Manchmal wartet er schon lange. Die Liebe, die wir haben sollen, kommt von ihm. Wenn wir uns ihm nähern, dann schenkt er uns seine Liebe. Sie wächst in unseren

Herzen, bis wir dann jeden Tag antworten können: „Herr, du weißt, dass ich dich liebe. Sende mich zu meinen Brüdern und Schwestern, die deine Liebe noch nicht gespürt und noch nicht erfahren haben. Ich bin für dich und für dein Reich da".

Am 1. Mai dieses Jahres wurde Papst Johannes Paul II. in Rom selig gesprochen. Durch diese Seligsprechung kam er wieder zu seinem Volk, dem er in Liebe und Hingabe als Priester, Bischof und Papst gedient hatte. Versuchen wir uns kurz an sein Leben zu erinnern. Als Karol Wojtyla wurde er am 18. Mai 1920 in Wadowice in Polen geboren. Vor einer Woche war sein Geburtstag. Seine Kindheit und Jugendzeit war mit Freude, aber auch mit Trauer erfüllt. Als er erst neun war, verstarb seine Mutter, was den kleinen Karol sehr erschütterte. Drei Jahre später verstarb sein Bruder Edmund, der als Arzt arbeitete. Im Alter von 21 Jahren verlor er seinen Vater. Er wurde in einer gesunden, patriotischen und religiösen Tradition erzogen. Von seinem Vater lernte er Frömmigkeit und Nächstenliebe. Seine Spiritualität war vor allem durch die Hingabe an den Heiligen Geist und die Liebe zur Madonna geprägt. Heute gedenken wir der Mutter Gottes von Fatima und tragen das Messgewand der Mutter Gottes. Viel verdankte unser seliger Johannes Paul II. der Mutter Gottes aus Fatima. Als er ebendort angekommen war, begrüßten ihn die Bischöfe und Kardinäle. Kardinal Meisner sagte zu ihm: „Glückwünsche zu Ihrem Geburtstag". Der Papst reagierte zuerst nicht und ging weiter, aber nach einer Weile kam er zurück und sagte: „Sie haben Recht. Mein erstes Leben habe ich bekommen, das zweite wurde mir geschenkt". Deshalb hatte der 13. Mai eine große Bedeutung für den seligen Papst Johannes Paul II. Seine Liebe zur Mutter Gottes von der Immerwährenden Hilfe – sie ist auf dem Messgewand abgebildet, das ich heute trage – prägte die Zeit seiner Jugend. In der Zeit des Nationalsozialismus musste unser Papst viel arbeiten und gleichzeitig viel studieren. Fast vier Jahre lang war er in einer Fabrik in Krakau tätig. Jeden Tag musste er eine halbe Stunde zur Arbeit hin- und zurückgehen. Unterwegs war eine Kirche, die uns Redemptoristen gehört. Oft kam er in diese Kirche beten. Dort wird bis heute die Mutter Gottes von der Immerwährenden Hilfe verehrt. Karol Wojtyła betete oft vor ihrem Bild. Die Worte, die er als Bischof und Papst zu seinem Motto machte, waren: *Totus Tuus – Ganz dein.* Diese Hingabe an Maria prägte sein ganzes Leben. Er pflegte eine besondere Andacht zur Mutter Gottes und vertraute sich ihr an. (Bei uns in Oberpullendorf ist der Brauch, dass die Eltern bei der Taufe mit dem Kind zur Mutter Gottes von der Immerwährenden Hilfe im Seitenaltar gehen, um es auf die Fürsprache Mariens Gott anzuvertrauen).

Johannes Paul II. war sehr begabt. In seinen Schuljahren entwickelte sich seine Leidenschaft für Theater und Poesie. Er spielte in einer Theatergruppe an der Philologischen Fakultät der Jagiellonen-Universität in Krakau. Besonders die Zeit der Besatzung Polens während des zweiten Weltkriegs weckte in ihm die Sehnsucht nach dem Priestertum. Er besuchte Theologiekurse am Seminar in Krakau und wurde am 1. November 1946 zum Priester geweiht. Am folgenden Tag feierte er seine Primiz in der Krypta des heiligen Leonard in der Kathedrale auf der Wawelburg. Nach der Priesterweihe wurde er nach Rom geschickt. Dort studierte er an der Theologischen Fakultät des Angelicums, schöpfte mit Eifer aus den Quellen der gesunden Lehre und erfuhr die Lebendigkeit der Kirche und den Reichtum der universalen Kirche. In dieser Zeit begegnete er auch dem heiligen Pater Pio. Was dieser ihm sagte, war erstaunlich. Es war eine Prophezeiung: „Lerne die Sprachen, weil du Papst wirst". Die erste Reaktion war Lachen. Wer konnte damals wissen, was in der Zukunft kommt. Gott aber offenbarte diese Wahrheit durch den heiligen Pater Pio. Nach dem Studium in Rom kehrte Karol Wojtyła nach Krakau zurück. Er war in der Pastoral als Kaplan tätig, erhielt auch die Lehrbefähigung und konnte dadurch die Lehrtätigkeit an der Theologischen Fakultät der Jagiellonen-Universität, später auch im Priesterseminar und an der katholischen Universität in Lublin ausüben. Mit seinen Studenten fuhr er in der Sommerzeit oft in die Berge oder zu den Seen. Für sie war er nicht nur Lehrer, sondern auch Geistlicher und Freund. Er liebte die Jugendlichen. Im Alter von 38 Jahren wurde er zum Weihbischof in Krakau ernannt und 1964 dort als Erzbischof eingesetzt. Papst Paul VI. erhob ihn in den Kardinalstand im Jahr 1967. Als Hirte seines Bistums war er sehr geschätzt, besonders als ein Mann mit festem und mutigem Glauben. Er war offen für die Gespräche und konnte gut zuhören; auch die Bischöfe schätzten ihn sehr. Als Erzbischof in Krakau begab er sich nach der täglichen Eucharistie am frühen Morgen und nach dem Frühstück in die Hauskapelle, um dort drei Stunden lang zu knien und vor dem Allerheiligsten zu beten. Das war für ihn die Vorbereitungszeit auf die Predigten, Meditationen und Vorlesungen an der Universität. Er suchte nach Einsamkeit, um mit dem Herrn allein zu sein. Am 16. Oktober 1978 wählten ihn 111 Kardinäle beim zweiten Konklave zum Nachfolger auf den Stuhl Petri. Er nahm den Namen Johannes Paul II. an. Bei seinem offiziellen Amtseintritt rief er den Menschen auf dem Petersplatz zu: „Habt keine Angst. Öffnet die Tore weit für Christus". Diese Worte waren sein Lebensprogramm und das Programm für seine Amtszeit. Er wollte den Menschen die Tore ihrer Herzen für Christus aufmachen. Er wollte sie für Gott gewinnen. Schon drei Monate nach seinem offiziellen Amtsantritt unternahm er eine von seinen 104 Pastoralreisen ins Ausland. Er flog nach Mexiko, um dort die Liebe zu den Armen zu zeigen. Er unternahm diese Reisen, um die Menschen, insbesondere die Trauernden und die Mutlosen, im Glauben zu stärken. Er wollte auch zur Versöhnung der Konfessionen beitragen. Sein Anliegen war, Jesus Christus als den einzigen Retter des Menschen überall zu verkünden. Diese Liebe zu Christus drängte ihn, den Vatikan öfters zu verlassen und bis an die Enden der Welt zu gehen. Er kam zu vielen Menschen, um sie für Gott zu begeistern. Die erste seiner 14 Enzykliken wurde schon im Jahre 1979 veröffentlicht. Sie trägt den Titel *Erlöser des Menschen.* Jesus ist der Erlöser aller Menschen. Zu Beginn des Pontifikats von Johannes Paul II. zählte die weltweite Gemeinschaft der Katholiken 750 Millionen Menschen. Zur Jahrtausendwende ist die Milliardengrenze überschritten worden. Vieles hat sich durch diesen Papst verändert. Seine Sorge, besonders als Papst, galt den Bischöfen und Priestern. Er hat zahlreiche Bischofssynoden einberufen und viele neue Bistümer der katholischen Kirche gegründet. Er hat das Marienjahr, das Jahr der Eucharistie und das große Jubiläum des Jahres 2000 ausgerufen und die Kirche in das neue Jahrtausend geführt. Das wünschte ihm schon Kardinal Wyszyński 1978 in Rom. Als Papst stärkte Johannes Paul II. besonders die geistlichen Bewegungen. Er vollzog mehr Heilig- und Seligsprechungen als alle anderen Päpste des 20. Jahrhunderts zusammen. Er wollte den Menschen damit sagen, dass Heiligkeit für alle möglich ist. Jeder Mensch ist doch berufen, heilig zu sein. Johannes Paul II. schuf auch viele neue Orte des Gebetes und des religiösen Kultes. Ende der 80er Jahre führte er die Weltjugendtage ein. Er selbst war begeistert und mit dieser Begeisterung begeisterte er viele junge Menschen. Er hatte ein Herz für die Jugend. Im Jahr 1997 sagte er zu Kardinal Meisner: „Ich wünsche mir, dass der nächste Weltjugendtag in Deutschland in Köln stattfindet". Als Begründung sagte er ihm: In diesem 20. Jahrhundert sind zwei schreckliche Weltkriege aus Deutschland ausgegangen. Jetzt möchte ich, dass aus Deutschland etwas Positives ausgeht.

Er war für die Neuevangelisierung besonders offen. Die christlichen Familien lagen ihm sehr am Herzen. Einen Teil seines Urlaubs verbrachte er in der Sommerresidenz in Castel Gandolfo, wo er auch Akademiker aus der Welt einlud. Dort konnte er mit ihnen über wissenschaftliche Probleme diskutieren. Er erweiterte sein Lieblingsgebet, den Rosenkranz, um die lichtreichen Geheimnisse. 1986 lud er zu einem internationalen Treffen nach Assisi ein, wo er mit zahlreichen Führern anderer Religionen betete. Sein langes, fruchtbares, irdisches Leben ging im apostolischen Palast im Vatikan am Samstag dem 2. April 2005 (dem Vorabend des Weißen Sonntags, dem er den Titel „Sonntag der Barmherzigkeit" gegeben hat) zu Ende. Zu seinem Begräbnis kamen viele Menschen und Delegationen. Er bleibt in den Gedanken und besonders in den Herzen aller Gläubigen. Er war ein Mensch des Gebetes und der Liebe. Als Apostel der Liebe reiste er in die Welt, um die Menschen für Gott zu gewinnen. Er wurde Gottes „Menschenfischer" genannt und führte viele Millionen Herzen zu Gott. Er liebte die Menschen, und die Menschen liebten ihn. Amen.

Oberpullendorf, 25.05.2011

Die heiligen Petrus und Paulus

Liebe Mitbrüder im priesterlichen Amt, liebe Schwestern und Brüder im Glauben!

Die beiden Apostel, die wir heute besonders in dieser Messfeier verehren, hat Jesus auf je eigene Weise in seine Nachfolge gerufen. Petrus stammte aus Betsaida in Galiläa. Von Beruf war er Fischer. Er übte ihn am See Genezareth aus. Da war alles sehr normal bis zu dem Tag, als ihn der Herr rief. Petrus hat alles verlassen, um mit Jesus zu sein. Ohne Bedenken, ohne Murren, ohne Wenn und Aber. Er folgte Jesus sofort. Jesus gab ihm einen anderen Namen. Er hieß Simon, und Jesus nannte ihn Petrus, das heißt: der Fels. Auf diesen Felsen wollte Jesus seine Kirche bauen und die Mächte der Finsternis sollten sie nicht überwältigen. Die Kirche, die Jesus gegründet hat, ist schon 2000 Jahre alt und wird bis zum Ende der Zeiten fortdauern. In dieser Kirche ist Jesus selbst gegenwärtig, in ihr lebt er. Seine Botschaft von der Auferstehung, davon, dass er lebt, wird weitergegeben werden. Unseren Glauben an Gott und an Jesus Christus wollen wir den nächsten Generationen weitergeben. In diesem Glauben sind wir hier alle versammelt, es ist ein großes Fest, aber auch eine große Freude.

Jesus hatte viele Jünger, wählte aber nur zwölf Apostel von ihnen aus. Sie standen am Anfang und sind bis jetzt das Fundament der Kirche. Und wie viele Jünger hat Jesus heute in der ganzen Welt? Über eine Milliarde. Und diese Jünger glauben an ihn, sie gehören zu ihm; sie bekennen sich zu ihm. Petrus gehörte zuerst zu einer anderen Welt, aber nachdem Jesus ihn in seine Nähe gerufen hatte, wurde er der erste Mitarbeiter im engsten Kreis Jesu. Er war bei der Verklärung des Herrn auf dem Berg Tabor dabei. Dort waren nur drei Apostel zugegen: Jakobus, Johannes und Petrus. Sie waren dabei, als Jesus ihnen die Herrlichkeit Gottes offenbarte, und sie hörten die Stimme des Vaters. Petrus wollte unbedingt auf diesem Berg bleiben und drei Hütten bauen: für den Herrn, für Mose und für Elija. Er dachte nicht an sich, sondern an diese drei. Petrus war auch im Garten Getsemani; dort, wo Jesus litt, kämpfte und letztendlich sagte: *Dein Wille geschehe.* Und was machten die Jünger in Getsemani? Sie konnten diese eine Stunde nicht wachen. Sie schliefen ganz einfach ein, aber der Herr weckte sie.

Liebe Schwestern und Brüder, der Apostel Petrus wird in den Apostelverzeichnissen oft als erster genannt. Er spürte die Macht der Sünde und des Verrats. Heute hat Jesus im Evangelium seine Jünger gefragt: *„Für wen halten die Leute den Menschensohn?* (Mt 16,13). Sie sagten: *„Für Johannes den Täufer, andere für Elija, wieder andere für Jeremia oder sonst einen Propheten"* (Mt 16,14). Dann fragte sie Jesus: *„Ihr aber, für wen haltet ihr mich?"* (Mt 16,15). Simon Petrus sagte: *„Du bist der Messias, der Sohn des lebendigen Gottes!"* (Mt 16,16). Das war sein Bekenntnis zu Jesus, der von Gott kam. Für wen halte ICH Jesus? Ich komme so oft zu ihm, ich bete, ich will das Gute tun, ich will ihm folgen, wohin auch immer er geht. Ist Jesus wirklich der lebendige Gott für mich? Ist er der Messias, der in die Welt gekommen ist? Manche warten noch auf ihn.

Petrus war der Zeuge des auferstanden Herrn. Die Verbindung mit Jesus hat ihn sehr geprägt. Er führte die erste Gemeinde in Jerusalem nach dem Weggehen Jesu. Er hat die ersten Heiden, nicht die Juden, in die Kirche aufgenommen. Die Apostel waren mit Jesus nur drei Jahre lang, aber das war die beste Ausbildung für sie.

Sie hatten keine andere Schule, nur Paulus war gebildet. Die ersten zwölf Apostel gehörten zu ganz einfachen Menschen, aber die Schule bei Jesus erwies sich als die beste.

Wenn wir hier in diesem Raum versammelt sind, dann sind wir hörende Menschen. Wir hören auf Jesus, nehmen seine Worte an und wollen mit unserem Leben JA sagen: „Jesus, du bist mein Herr; du bist mein Gott; du hast mich berufen, dir zu folgen".

Der Apostel Paulus, den wir heute auch verehren, stammte aus Tarsus. Vom Beruf war er Zeltmacher. Als eifriger Jude verfolgte er die Christen, die Anhänger des neuen Weges, und warf sie ins Gefängnis. Der auferstandene Herr erschien ihm auf dem Weg nach Damaskus und fragte: *„Saul, Saul, warum verfolgst du mich?"* (Apg 9,4). Paulus fragte: *„Wer bist du, Herr?"* (Apg 9,5) und er hörte: *„Ich bin Jesus, den du verfolgst"* (Apg 9,5). Dieses Ereignis war für Paulus der entscheidendste Moment seines Lebens. Von da an wurde er ein ganz anderer Mensch, denn er folgte Jesus. So wurde aus dem Verfolger ein Nachfolger. Er durfte Gottes Liebe und Gnade in seinem Leben erfahren, und Jesus hatte Erbarmen mit ihm. Er wurde der erste große Theologe der Kirche und der bedeutendste Missionar. Er machte drei große Missionsreisen und kam dadurch auch nach Europa. An vielen Orten gründete er christliche Gemeinden und stärkte sie im Glauben.

Liebe Schwestern und Brüder, der Herr befreite Petrus und Paulus in der Bedrängnis. Heute haben wir in der Lesung gehört, dass Petrus durch den Engel aus dem Gefängnis befreit wurde. Wenn Sie sich erinnern: in Ephesus waren Paulus und Silas im Gefängnis. Beim Lobpreis sind ihre Ketten abgefallen und die Tore des Gefängnisses haben sich geöffnet. Der Herr ist immer mit denjenigen, die an ihn glauben und mit ihm verbunden sind. Es ist wirklich eine Freude, ein Christ zu sein; in der Nachfolge Jesu zu sein; mit ihm verbunden zu sein. Woher kommt die Hilfe? Sie kommt vom

Herrn, der Himmel und Erde erschaffen hat. Jene, die an Gott, an Jesus Christus glauben, werden diese Hilfe erfahren und erleben, dass der Herr auch in ihrem Leben hilft. Wenn wir durch die Welt gehen, dann gehen wir als fröhliche und mit Freude erfüllte Menschen umher. Der Herr ist an unserer Seite, warum sollten wir uns fürchten? Der Herr ist unser Hirte und gibt mir alles, was ich zum Leben brauche.

Liebe Schwestern und Brüder, danken wir heute dem Herrn für die Berufung dieser zwei Apostelfürsten, aber auch für die Berufung unseres lieben Prälats Robert Gager. Der Herr hat auch ihn in seine Nachfolge gerufen, und er hat JA gesagt. Bis heute ist er ihm treu geblieben und dient ihm in Liebe und Hingabe. Es ist eine große Gnade, sich von Gott berufen zu lassen und ihm ohne Murren und Bedenken zu folgen.

Herr, ich will deinen Willen tun. Ich will das tun, was du willst. Führe mich zu den Menschen, die sich von dir entfernt haben, die den Weg verfehlt haben, die in Not und Bedrängnis sind. Der Herr schickt auch heute Engel direkt vom Himmel oder Menschen. Manchmal sagen wir: Er ist wie ein Engel. Der Herr sendet jene Menschen, die für seine Botschaft offen sind und sich führen lassen. Solche Engel brauchen wir heute, damit die Menschen überzeugt werden, dass Gott auch heute noch am Werk ist und der Glaube ein Schatz ist. Alle Priester und jene, die an Gott glauben, wissen es bereits.

Die beiden Apostel Petrus und Paulus liefern auch uns, den Christen des 21. Jahrhunderts, ein schönes Bild der Kirche, auch wenn wir so viel Negatives in den Medien hören oder lesen. Überhören Sie manches, Sie müssen auch nicht alles lesen! Lesen Sie lieber die Heilige Schrift, denn dort können Sie Jesus erkennen: den liebenden Herrn, der für uns da ist und uns dienen möchte. Er ist als Diener, nicht als Herrscher gekommen. Er will, dass wir mit ihm gehen. Vergeben und beten Sie für jene Menschen, die schlecht über die Kirche, den Papst, die Bischöfe und die Priester schreiben oder sprechen. Unsere Rolle als Christen ist es, den Menschen zu vergeben; sie zu lieben und für sie zu beten, damit sie auf den richtigen Weg kommen, so wie der heilige Paulus, denn er war doch anfangs ein Verfolger der Christen. Als er Jesus begegnet ist, ist er ein ganz anderer Mensch geworden. Beten Sie um solche Begegnungen für Menschen, die schlecht über die Kirche sprechen, damit auch sie Jesus erkennen und einen neuen Anfang machen.

Petrus steht für Beständigkeit und Festigkeit. Auf dieses Fundament, auf diesen Felsen hat Jesus seine Kirche gebaut. Und Paulus steht für die Offenheit und Freiheit des Evangeliums. Er war ein mutiger Verkündiger der Frohen Botschaft. Diese beiden brauchen wir in der Kirche, denn sie sind unsere Vorbilder. Wir sollen sie aber auch nachahmen und wie sie leben. Die Verbindung mit Jesus brauchen wir heute unbedingt, damit wir ihn und nicht uns selber oder verschiedene, von der Welt gehörte Nachrichten verkündigen. Jesus Christus soll unser Herr sein.

Die besondere Treue von Petrus und Paulus zu ihrer Berufung war mit einer tiefen Liebe zu Christus verbunden. Mit der Gnade Gottes ist alles möglich. So wie der heilige Paulus gesagt hat: *„Doch durch Gottes Gnade bin ich, was ich bin“* (1 Kor 15,10). Der Herr kann alles tun. Lassen Sie zu, dass er besonders heute Abend an Ihnen wirkt, dann werden Sie wie die ersten zwölf Apostel staunen, was der Herr durch Sie getan hat. Sie haben Zeichen und Wunder gesehen. Der Herr will auch heute durch uns wirken. Danken wir in dieser Messfeier für jede Berufung und bitten wir: Herr, sei du mit uns und schenke deiner Kirche viele Berufungen. Amen.

Oberpullendorf, 29.06.2011

Der Schatz im Acker

Liebe Schwestern und Brüder im Glauben!

In alten Zeiten waren die Menschen oft auf der Suche nach Schätzen. Sie verließen ihre Heimat um nach diesen zu suchen. Begehrt waren Gold, Silber, wertvolle Steine oder Perlen. Die Menschen waren bereit, viele Strapazen zu ertragen, um diese Schätze zu finden.

Im heutigen Evangelium vergleicht Jesus das Himmelreich mit einem Schatz, der in einem Acker vergraben war. Ein Mann hat ihn entdeckt und verkaufte alles, was er besaß. Er kaufte diesen Acker und wurde reich, aber auch frei von allen materiellen Sorgen. Diesen Schatz, der „das Himmelreich" genannt wird, haben die Heiligen im Glauben entdeckt. Wir kennen das Leben des hl. Ignatius von Loyola. Er hat den Schatz des christlichen Lebens in guten religiösen Büchern entdeckt. Wenn Sie sich erinnern: Er wurde verwundet und in der Zeit seiner Genesung wollte er Bücher lesen, die er früher mit Begeisterung gelesen hatte: nichtige und verlogene Bücher. Diese hatten ihn früher geprägt, aber er wurde dadurch nicht glücklich. Im Gegenteil, die Bücher hatten ihn in Traurigkeit versetzt. Nach seiner Verwundung fand man in dem Haus, in dem er sich befand, kein Buch solcher Art. Jemand brachte ihm also zwei andere Bücher: *Das Leben Jesu* und *Die Blüte der Heiligen*. Beim Lesen merkte Ignatius, wie sich seine Gedanken veränderten. Es waren plötzlich gute Gedanken, die ihm auch Freude bereiteten. Die Traurigkeit verschwand, und die Freude kam. Das war der Anfang seiner Bekehrung und der Anfang seines neuen Weges.

Die heilige Teresia von Avila, die wir auch bereits kennen, hat in ihrem Leben Gott gesucht. Das machen ebenfalls viele unserer Zeitgenossen. Sie und auch wir, die wir zu dieser Messfeier gekommen sind, suchen nach Gott. Wir suchen die Quelle unseres Lebens; so war es auch mit der hl. Teresia. Sie suchte Gott in ihrem Herzen und in ihrem Leben. Mit 24 Jahren, bei der Betrachtung eines Bildes, das den leidenden Christus darstellte, erlebte sie eine Bekehrung. Mit 45 Jahren hatte sie eine Vision der Hölle. Seit dieser Zeit strebte sie immer mehr nach der Vollkommenheit. Und wir wissen, was sie in der Kirche tat: Durch die Gnade Gottes erneuerte sie ihren Orden.

Auch der hl. Alfons von Liguori, ein Rechtsanwalt, der in Neapel/Italien geboren wurde, hat die Welt hinter sich gelassen. Er sagte: *Ich habe dich, die Welt, erkannt.* Das waren seine letzten Worte, die er als Rechtsanwalt aussprach, bevor er sein Amt niederlegte. Er ging nach Scala zu den armen Menschen, um ihnen das Reich Gottes zu verkünden und mit ihnen das Leben zu teilen. Er entdeckte, was Gott für ihn will und welchen Weg er gehen soll.

Diesen Schatz des Himmelreiches haben die Heiligen in den Sakramenten der Kirche, besonders im Bußsakrament und in der Eucharistie gefunden. Sie sind öfters zur Heiligen Beichte gegangen. Wenn Sie über das Leben der Heiligen lesen, dann wissen Sie, dass sie einmal in der Woche zur Beichte gegangen sind. Viele von Ihnen gehen gerne und oft in die Kirche/Kapelle, um in der heiligen Messe Kraft für Ihr Leben zu schöpfen. Es ist gut und stärkt uns auf dem Glaubensweg. In unserem Leben brauchen wir die Kraft Gottes. Ohne diese Verbindung mit der Quelle des Lebens sind wir schwach und dem Bösen ausgeliefert. Wir brauchen die

Kraft, um uns gegen das Böse zu wehren und dem Bösen zu widersagen, um davon nicht überwältigt zu werden, sondern damit Jesus in unseren Herzen lebt. Er ist unser Schatz. Er soll in uns und nicht neben uns sein. Wir können mit ihm sprechen, aber nur in unseren Herzen, denn dort ist der Ort, wo unser Schatz ist. Nur dort, und nicht woanders, können wir ihn wirklich finden. Und deshalb sollten wir ihn auch nur dort suchen.

Die Heiligen haben diesen Schatz im Gebet gesucht. Ich hoffe, dass auch Sie alle Zeit für ein Gebet finden, denn es macht uns stark in der Welt. Dann gehen wir als Zeugen Jesu Christi mutig in und durch die Welt, und die Welt kann uns nicht schaden.

Viele Christen und Heilige haben in der Verfolgung und im Martyrium eben diesen kostbaren Schatz gefunden. In der Zeit der Prüfung wurde ihr Glaube an Gott gestärkt. Sie haben die Nähe Gottes erlebt. Der Herr hat ihnen die Kraft gegeben und sie ermutigt, ihm bis zum Ende ihres Lebens standhaft zu bleiben. Ihr Leben und Sterben hat die Früchte hervorgebracht.

Liebe Schwestern und Brüder, der Schatz des Himmelreiches wurde uns allen von Gott in der Taufe aufgrund des Glaubens geschenkt. Wir alle sind getauft und wir alle haben diesen Schatz in uns. Wissen Sie das? Diesen Schatz sollen wir sowohl aufbewahren, als auch auspacken, damit wir wissen, was wir besitzen: die ganze Gemeinschaft mit Gott und viele Gnaden, die Gott uns schenkt. Durch die erste Gnade, die Taufe, haben wir alles von Gott bekommen und wir wollen es auch nutzen. Er hat uns diese Gaben/Gnaden geschenkt, damit wir das Heil erlangen, damit wir mit ihm verbunden sind. Durch sie sind wir eins mit Gott, unserem Schöpfer, der uns ins Leben gerufen hat und der will, dass wir heilig werden. Das ist der Schatz unseres Lebens und dieser Schatz des Himmelreiches ist der Schatz der Wahrheit, der Heiligkeit, der Gnade, der Gerechtigkeit, der Liebe und des Friedens.

Diesen Schatz müssen wir neu entdecken und ihn wählen. In der Welt gibt es viele Schätze. Für manche kann Geld ein Schatz sein. Ein weltberühmter Prediger hat einmal erzählt, dass jemand bereits im Sterben lag und sich wünschte, dass jemand ihm sein Geld bringt. Als er das Geld empfangen hat, sagte er: „Mein Geld", und ist verstorben. Diese irdischen Schätze sind vergänglich. Sie vergehen, und Motte und Wurm zerstören sie oder es kommen Diebe und stehlen sie. Und dann haben wir nichts. Alles, was wir im Leben erworben haben, sind irdische Schätze.

Wir sollen unsere Schätze woanders sammeln. Jesus sagte im Matthäusevangelium: *„Sammelt euch Schätze im Himmel, wo weder Motte noch Wurm sie zerstören und keine Diebe einbrechen und sie stehlen"* (Mt 6,20). Wir wissen also, wo wir unsere Schätze sammeln sollen: Nicht hier auf der Erde, sondern im Himmel, denn dort werden sie auf ewig aufbewahrt. Dann haben wir die Schätze im Himmel und können uns freuen. Diesen Schatz des Himmelreiches müssen wir immer wieder suchen und wählen. Es ist die Wahl zwischen der Wahrheit und der Lüge, zwischen dem Leben und dem Tod, zwischen der Gerechtigkeit und der Ungerechtigkeit, zwischen der Liebe und dem Hass, zwischen der Sünde und der Gnade, zwischen dem Frieden und dem Unfrieden. Diese Wahl müssen wir, liebe Schwestern und Brüder, immer treffen. Wo hängt Ihr Herz? Dort wo wir unser Herz haben, dort ist unser Schatz. Jetzt können Sie überlegen, wo Sie Ihr Herz haben. Wo ist Ihr Schatz? *„Denn wo dein Schatz ist, da ist auch dein Herz"* (Mt 6,21), sagte Jesus im Matthäusevangelium. Sind es die materiellen Dinge, die uns beschäftigen? Sind es vielleicht das Fernsehen, das Internet, die Arbeit, der Sport oder andere Dinge wie Esoterik, New Age, Yoga, Reiki, Kinesiologie, Alternativmedizin, Homöopathie oder orientalische Meditationen? Das alles kann uns von Gott trennen, kann uns nicht zu Gott führen, sondern uns von Gott abbringen.

Die hl. Messe, die wir jeden Monat hier feiern, ist auch für uns eine Chance, näher zu Gott zu kommen, damit wir diesen Schatz immer mehr entdecken und Gott immer mehr wirken lassen, damit sein Reich in uns, in unseren Herzen und in unserem Leben wächst. Bewahren Sie diesen Schatz, den Sie in der Taufe empfangen haben, und versuchen Sie auch anderen Menschen mit diesem Schatz zu begeistern, damit auch sie den Weg zu Gott und zu seinem Reich finden. Amen.

Oberpullendorf, 27.07.2011

Die Berufung des Matthäus

Liebe Schwestern und Brüder im Herrn!

Jesus begegnete dem Zöllner Matthäus, der am Zoll saß. Er stand im Dienst des Fürsten Herodes Antipas. Damit gehörte er zu den fürstlichen Beamten, deren Arbeit nicht allen gefiel. Er saß am Zoll und forderte von den Menschen, die durch das Gebiet des Herodes zogen, Geld für ihre Waren. Aber die Menschen wussten nie, wie viel sie bezahlen sollten, deshalb forderten die Zöllner meistens mehr als nötig und füllten dadurch auch ihre eigenen Taschen. So wurden sie von den Menschen gehasst und verachtet und von der Synagoge ausgeschlossen, weil sie zu den Unreinen gehörten. Sie waren Mördern und Räubern gleichgestellt. Zu solch einem Zöllner namens Matthäus, der genauso lebte, sagte Jesus: „*Folge mir nach!*" (Mt 9,9).

Wir können es nur schwer verstehen, dass Jesus sich solche Menschen ausgewählt hat. Wir werden als fromme Katholiken und Christen sagen, es wären ja noch andere Menschen da gewesen, die einen besseren Ruf gehabt hätten. Warum rief Jesus also solch einen Zöllner in seine Nachfolge? Warum nahm er diesen Zöllner in den Kreis seiner Jünger auf? Es gab doch andere und bessere als diesen Zöllner Matthäus. Jesus schaute auf das Herz, denn er wusste ganz genau, was in diesem Zöllner steckt. Er lebte zwar wie alle anderen Menschen, aber er war bereit, einen neuen Anfang zu wagen, auf einem anderen Weg zu gehen, alles zu verlassen und das Geld und alles, was er eingesammelt hatte, loszuwerden. Und in der Tat: Matthäus verließ alles und folgte Jesus nach.

Es ist erstaunlich, wie Menschen, die von Jesus gerufen worden sind, alles sofort verlassen. In unserer Zeit ist es nicht so. Viele Menschen überlegen, ob es sich lohnt; ob es noch eine andere Möglichkeit gibt, als Jesus zu folgen. Es ist besser aus der Kirche auszutreten, von Jesus wegzugehen, nach anderen Geboten zu leben als nach den Geboten Gottes. Die Menschen wollen ihre eigenen Wege gehen und nicht die Wege, die Gott ihnen vorschlägt, aber er will doch für alle nur das Beste . Niemand von jenen, die Jesus nachgefolgt sind, hat bereut, auf diesem Weg gegangen zu sein. Manchmal haben sie ganz irdisch gedacht, denn sie wollten die ersten Plätze haben oder im Himmelreich zur Linken oder zur Rechten des Herrn sitzen. Manche wollten auf dem Berg Tabor bleiben und nicht hinunterkommen. So reagierten die Menschen, die Jesus gewählt hatte, aber sie waren mit ihm; sie wollten mit ihm sein und hörten auf seine Worte. Das Leben mit Jesus prägte sie, und sie wurden immer neu verwandelt, denn die Nähe Jesu verwandelt die Menschen. Auch wir werden verwandelt, die wir uns heute zur Eucharistie versammelt haben, in der Jesus, der Einladende, gegenwärtig ist. Deswegen kommen wir immer wieder zu ihm. Es ist schön, dass Jesus so viele Jünger hat. Nicht alle seine Jünger waren Apostel. Nur zwölf wählte Jesus in den Apostelkreis. Alle anderen waren die Jünger Jesu, die ihn unterstützten und begleiteten.

Liebe Schwestern und Brüder, Jesus hat den Zöllner Matthäus in seine Nähe gerufen, aber er ruft auch uns in seine Nachfolge. Mit der Taufe hat für uns ein neuer Abschnitt, ein neuer Weg begonnen. Damals, als Baby, waren wir uns dessen nicht bewusst, aber jetzt, wenn wir einer Taufe beiwohnen, wissen wir, was es bedeutet, mit Jesus, mit Gott zu sein. Es ist eine Gnade, sich von Gott berufen zu fühlen, in der Nachfolge Jesu zu sein. Können wir auf diese Nähe

Jesu verzichten? Die Apostel sind bei Jesus geblieben und haben ihr Leben für Christus hingegeben. Nur einer von ihnen ist eines natürlichen Todes gestorben, alle anderen haben ihr Leben für ihren Herrn geopfert. So viel bedeutete ihnen Jesus, und er ist auch für uns wichtig, deshalb sind wir hier zur hl. Monatsmesse gekommen.

Nach der Berufung des Zöllners Matthäus ist Jesus zu ihm nach Hause gegangen. Er wurde von ihm eingeladen, ein Mahl der Freude zu halten und mit ihm zu sein. Zu diesem Mahl kamen auch Zöllner und Sünder, und das gefiel manchen nicht, besonders den Pharisäern, die zu den Jüngern sofort sagten: *„Wie kann euer Meister mit Zöllnern und Sündern essen?“* (Mt 9,11). *Warum hält er solche Gemeinschaft?* Aber Jesus hörte diese Frage und antwortete: *„Nicht die Gesunden brauchen den Arzt, sondern die Kranken“* (Mt 9,12).

Jetzt können wir die Sendung Jesu verstehen. Er ist zu denen gekommen, die arm und krank sind, die sich ausgegrenzt fühlen, die am Rande der Gesellschaft leben, die allein gelassen, einsam und belastet sind, die keine Hoffnung mehr haben, die die Liebe der anderen nicht erfahren haben. Jesus kam zu jenen Menschen, die ihn brauchten. Besonders solche sind offen für Gott und seine Botschaft. Das Herz dessen, der schon viel hat, ist nicht unbedingt offen. Wer aber Not leidet, weiß, dass er etwas braucht. Er braucht vor allem Gott, Jesus Christus.

Jesus beruft, aber der Mensch soll ihm nachfolgen. Wenn wir das nicht wollen, folgen wir ihm nicht, sondern leben nach unseren eigenen Vorstellungen. *„Nicht die Gesunden brauchen den Arzt, sondern die Kranken“* (Mt 9,12). *„Denn ich bin gekommen, um die Sünder zu rufen, nicht die Gerechten“* (Mt 9,13). Jesus weiß, dass die Sünder ihn ganz besonders brauchen. Sie brauchen die Vergebung ihrer Sünden und Befreiung von allen Geistern, von denen sie geplagt werden. Sie brauchen die Erfahrung, dass Gott sie liebt, dass er für sie da ist und sich um sie kümmert.

Liebe Schwestern und Brüder, lassen wir die Worte Jesu zu. Wenn er zu uns spricht, sollen wir darauf reagieren. Die Apostel, besonders der heutige Patron Matthäus, haben sofort reagiert. Genauso war es auch mit den anderen, die bei der Arbeit waren, als Jesus sie rief: Petrus, Andreas, Jakobus und Johannes. Er wollte, dass sie zuerst bei ihm sind, auf ihn schauen und von ihm lernen, damit er sie nachher aussenden kann und damit sie sein Werk weiterführen. Das Entscheidende, das aus der Berufungsgeschichte des Matthäus folgt, ist aber, dass wir die Menschen nicht mit unseren Augen, sondern mit dem Herzen anschauen sollen.

Beten wir in dieser Messfeier für alle Berufenen, die unser Gebet brauchen, besonders für unseren Prälat Robert Gager, den der Herr in seine Nachfolge gerufen hat und der bis zum heutigen Tag dem Herrn treu geblieben ist. Wir können Gott für seinen Dienst danken, für die vielen Aufgaben, die der Herr ihm anvertraut hat, im Burgenland und über seine Grenzen hinaus. Die Menschen sind für die Verkündigung des Wortes Gottes dankbar und kommen gerne zur heiligen Messe hierher ins Haus St. Stephan. Was Gott in ihm gewirkt hat, hat einen ewigen Wert. Nur mit Gottes Gnade kann durch uns, schwache Menschen, Großartiges in der Welt bewirkt werden. Danken wir dem Herrn für die Bereitschaft von Prälat Robert Gager, dem Herrn zu dienen, auf ihn zu hören und sich von ihm führen zu lassen. Amen.

Oberpullendorf, 21.09.2011

Das Kreuz im Leben des Jüngers Jesu

Lieber Mitbruder im priesterlichen Amt, liebe Schwestern und Brüder im Glauben!

Wir gedenken heute des hl. Paul vom Kreuz. Manche Heiligen tragen ähnliche Namen: z. B. die hl. Theresia Benedicta vom Kreuz, der hl. Johannes vom Kreuz. Diese Menschen haben das Kreuz Jesu in die Mitte ihres Lebens gestellt. Sie haben das Leiden Jesu betrachtet, aber auch auf sich genommen, wie z.B. die Menschen, die von Gott mit den Wundmalen Jesu beschenkt wurden. Diese Leiden haben sie geduldig mit Jesus getragen. Das Kreuz steht in der Mitte unseres christlichen Lebens. Heute haben wir das Kreuz auf dem Altar, wir hängen es in unseren Häusern auf und tragen es um den Hals. Das Kreuz hängt in Kranken- und Bildungshäusern. Wir stellen es auf den Gipfel der Berge und auf Wanderwegen auf. Das Kreuz kann auch ein Zeichen sein, das uns Orientierung gibt. Wir können uns das christliche Leben ohne Kreuz nicht vorstellen. Wir Christen können ohne Kreuz nicht leben. Wir müssen aber das Kreuz nicht suchen; müssen das Kreuz nicht erfinden. Das Kreuz kommt selbst auf uns zu. Und dieses Kreuz sollen wir annehmen, geduldig tragen und uns nicht dagegen wehren, kämpfen und Widerstand leisten. Nein, im Gegenteil; das Kreuz sollen wir lieben. Die Liebe zum Kreuz ist die Liebe zum Herrn. Wenn wir den Herrn lieben, werden wir in seiner Nachfolge bleiben, auch wenn das Kreuz auf uns zukommt. Im heutigen Evangelium lädt Jesus uns alle in seine Nachfolge ein, aber in eine besondere Nachfolge. In die Nachfolge des Kreuzes: Sich selbst zu verleugnen und das Kreuz auf sich zu nehmen!

Der Weg Jesu war auch der Weg des Kreuzes. Jesus hat es auf sich genommen, ohne ein Wort gesagt zu haben. Er hat das Kreuz getragen. Schon im Garten Getsemani betete er zu seinem Vater. Er wollte nicht leiden. Er bat den Vater, dass er das Kreuz von ihm wegnimmt, *dass dieser Kelch vorübergeht* (vgl. Mt 26,39). Aber er fügt gleich hinzu: *„Aber nicht wie ich will, sondern wie du willst"* (Mt 26,39). Jesus wollte den Willen Gottes erfüllen. Das Kreuz ist für jeden Menschen nicht einfach. Und Jesus war der wahre Gott und der wahre Mensch zugleich. Als Mensch konnte er auch nicht alles annehmen. Aber er suchte den Willen Gottes. Und er war dem Vater gegenüber bis zum Tode gehorsam.

Das Kreuz hat einen tiefen Sinn. Wenn Jesus selbst den Weg des Kreuzes gegangen ist, wie kann sein Jünger leben? Der Weg des Meisters ist auch der Weg des Jüngers. Wenn wir Jesus nachfolgen wollen, dann müssen wir auch das Kreuz auf uns nehmen. Ohne Kreuz gibt es kein Christentum. Überall, wo Christen, Katholiken oder gläubige Menschen hinkommen, stellen sie sofort ein Kreuz auf, ob zu Hause oder im Freien! Unter dieses Zeichen des Kreuzes stellen wir auch unser ganzes Leben. Wir knien am Karfreitag vor dem Kreuz, an dem Jesus zu unserem Heil gestorben ist. Er hat uns durch sein Kreuz erlöst. Er hat uns durch sein Kreuz das ewige Leben erworben. Das Kreuz hat eine große Macht. Aus eigener Kraft können wir das Kreuz nicht tragen: Nur mit Gottes Hilfe ist alles möglich!

Liebe Schwestern und Brüder, das Kreuz soll auch ein Teil unseres Lebens sein. Es ist ein Liebeszeichen Gottes, weil er uns liebt, weil er Jesus geliebt hat. Wenn er das Kreuz zulässt, ist es ein Zeichen seiner Liebe! Wir sollten nicht gleich schimpfen, über Gott und Menschen, sondern es annehmen und mit Liebe tragen. Wenn Sie sich an Petrus erinnern, wissen Sie, dass er eine negative Einstellung zum Leiden hatte. Was sagte er Jesus? *„Herr! Das darf nicht mit dir geschehen!“* (Mt 16,22). Er wollte nicht, dass Jesus leidet. Er wollte ihn von diesem Weg des Kreuzes abbringen. Er wollte das Leiden Jesu verhindern. Was sagte ihm Jesus? *„Weg mit dir, Satan, geh mir aus den Augen!“* (Mt 16,23). Gott ist ein Gott, der uns liebt. Und das Kreuz wird sich verwandeln. Es ist nicht so schwer, mit Gott, mit Jesus auf dem Weg des Kreuzes zu gehen, weil wir wissen, dass das Kreuz zur Herrlichkeit Gottes führt. Das Kreuz wird sich verwandeln. Am Karfreitag gedenken wir des Leidens und des Todes Jesu, und am Ostersonntag feiern wir das große, freudige Fest seiner Auferstehung. Das Kreuz führt zum Leben, das Kreuz ist ein Zeichen des Lebens. Das Kreuz gehört zum Leben. Durch das Kreuz schenkt uns Gott das Leben.

Liebe Schwestern und Brüder, wie sollen wir mit dem Kreuz umgehen? Sie haben schon viele Sorgen, Krankheiten, traurige Nachrichten, Ängste vor dem Kreuz, vor dem Leben, vor den Menschen, vor Gott! Alles, was wir erleiden, z.B. das Alleinsein, die Einsamkeit, kann Gott verwandeln. Er kann alles zum Guten führen. Er kann uns auf diesem Weg des Kreuzes leiten. Dieser Weg geht in die richtige Richtung. Es ist ein Weg des Lebens. In jeder Messfeier gedenken wir des Leidens und des Todes Jesu. Wir wollen unsere Leiden mit seinem Leiden verbinden. Nur so haben sie einen großen Wert. Wenn wir unser Leid mit dem Leid Jesu verbinden, wenn wir es auch für andere aufopfern, es geduldig ertragen, nicht jammern, sondern das Kreuz in Liebe tragen, dann sind wir auf dem richtigen Weg. Der Jünger Jesu ist ein fröhlicher Mensch, auch im Leiden. Nicht immer können wir das begreifen, aber leidende Menschen wünschen auch den anderen das Gute. Sie konzentrieren sich nicht auf sich, auf ihre Leiden. Durch das Kreuz werden wir von der Selbstliebe gereinigt, damit wir uns nicht auf uns selbst, sondern auf Gott und auf die Mitmenschen konzentrieren. Das Leid, das Kreuz in unserem Leben heiligt uns, macht uns Jesus ähnlich. Wir wollen Jesus ähnlich sein. Die Menschen, die seine Wundmale trugen oder tragen, haben das Leid auf sich genommen, um ihm ähnlich zu sein. Das ist das Christentum. Das ist das Wachsen, Jesus soll in unserem Leben wachsen. Wir sollen weniger werden. So wie der hl. Paulus gesagt hat: *„Nicht mehr ich lebe, sondern Christus lebt in mir!"* (Gal 2,20). Soweit kann der Christ in seinem Leben kommen.

Liebe Schwestern und Brüder, danken wir Gott für das Leiden. Nicht alle können das sofort tun. Manche sagen: Es ist schwer im Leiden Gott zu danken. Aber wenn wir Gott danken, kann der Herr alles verwandeln. Es gibt auch Menschen, die sich gewünscht haben, zu leiden. Für uns ist das oft unvorstellbar. Wie kann man sich das Leiden wünschen? Aber es gibt solche Menschen auch heute. Bitten wir den Herrn in dieser Messfeier um die Kraft zu leiden, um den Mut, auf dem Weg des Leidens zu gehen. Und bitten wir ihn auch um die Liebe zum Kreuz, um die Liebe zum Herrn, um die Liebe zu den Menschen, die leiden, die sich schwer tun, dass auch der Herr, wenn es sein Wille ist, sie befreit und heilt. Für Gott ist alles möglich! Aber zuerst sollten wir alles von seiner Hand annehmen und ihn bitten, dass es auch in unserem Leben nach seinem Willen geschehen möge. Amen.

Oberpullendorf, 19.10.2011

Das Kommen des Herrn

Liebe Schwestern und Brüder im Glauben!

Juan de Yepes hat als junger Ordenspriester den Namen Johannes vom Kreuz angenommen. Trotz vieler Schwierigkeiten, Leiden, Probleme und Verfolgungen hat er im 16. Jahrhundert viel für die Erneuerung seines Ordens getan. Er war bemüht, dadurch auch die ganze Kirche zu erneuern. Seine tiefe Liebe zum gekreuzigten Herrn musste sich in der Kreuzesnachfolge bewähren. Johannes vom Kreuz war konsequent und lehrte, was er selber lebte. Im Umgang mit anderen pflegte er vor allem die Nachsicht und die Güte. In seiner Mystik erlebte er auch die Nacht der Sinne und die Nacht des Geistes.

Liebe Schwestern und Brüder, wir haben heute ein Lied gesungen: *Mache dich auf und werde Licht.* Manchmal gehen auch wir durch die Nacht. Es ist die Nacht des Zweifels, des Unglaubens, der Lieb- und Hoffnungslosigkeit. Nur Christus, unser Herr, auf den wir im Advent mit Sehnsucht warten, kann unsere Nacht mit seinem Licht erhellen, denn er ist das Licht der Welt; das Licht jedes einzelnen Menschen.

Im Eröffnungsvers zur heutigen Messfeier finden wir tröstliche, ermutigende Worte: *„Der Herr wird kommen und nicht zögern. Er wird die Finsternis in Licht verwandeln und sich allen Völkern offenbaren“* (Hab 2,3). Die Hoffnung ist in Gott allein. Das Licht kommt von ihm, nicht von uns und nicht von dieser Welt. Dieses Licht wird die Finsternis erhellen. Stellen Sie sich vor, dass in diesem Raum weder eine Lampe noch eine Kerze brennt. Wenn wir hier auch nur eine Kerze anzünden würden, würde es heller. Bei der Anbetung war es manchmal zu dunkel, aber wenn das Licht kommt, sieht man mehr. Der Herr lässt sich immer mit den Augen unseres Geistes sehen. Nur im Licht können wir Gesichter und Bewegungen der Menschen erkennen. Wenn wir selber von der Finsternis umhüllt sind, dann sind wir nicht imstande, Dinge und Menschen um uns zu bemerken, auch den kommenden Herrn, auf den wir warten. Wir erkennen ihn nicht, denn es fehlt uns an Licht. Wir brauchen es für unser Leben und für unseren Lebens- und Glaubensweg. Ohne Licht wandeln wir nur im Dunkeln. Stecken Sie in der Finsternis? Dann kommen Sie so schnell wie möglich ins Licht! Sie haben dazu viele Möglichkeiten. Haben Sie keine Angst, dass Ihre Vergangenheit dabei aufgedeckt wird! Im Licht sehen wir auch das, was wir schlecht gemacht haben: unsere Gedanken, Worte und Taten. Es ist nicht gefährlich für uns, wenn wir erkennen, wie wir wirklich sind. Wir müssen nicht vor uns selbst weglaufen. Wir sind so, wie wir sind, aber Christus ist das Licht und gibt uns Kraft, auf seinem Weg zu gehen und in der Wahrheit zu bleiben.

Es ist die Wahrheit, dass Gott seinen Sohn als Erlöser, Heiland und Retter der ganzen Welt und der Menschen in die Welt gesandt hat; dass er uns die Frohe Botschaft vom Heil verkündet hat; dass er die Menschen von der Macht des Bösen befreit hat; dass er viele Menschen geheilt hat, wie wir im heutigen Evangelium gehört haben. Das war das Zeugnis für Johannes, den Täufer. Er wollte sich vergewissern, ob Jesus der verheißene Messias ist. Jesus hat ihm jedoch auf diese Frage nicht direkt geantwortet, im Gegenteil: er hat den zwei Jüngern des Johannes nur gesagt, was er tut, und das war das Erkennungszeichen, dass der Messias schon gekommen ist.

Durch seine Lehre und sein Tun ist das Reich Gottes zu den Menschen gekommen.

Liebe Schwestern und Brüder, wenn wir uns dem Licht nähern, dann wird es heller in unserem Leben. Es ist eine wunderschöne Erfahrung, wenn wir auf einmal erleuchtet werden. Ich hoffe, dass Sie solche Lichtblicke in ihrem Leben erfahren haben, sei es in Medjugorje – manche von Ihnen waren in den letzten Tagen dort – aber auch an verschiedenen anderen Wahlfahrtsorten oder auch in unseren Kirchen, dort wo der lebendige Gott wohnt und auf uns wartet. Nur wenn wir diese Sehnsucht nach Gott haben, können wir zu ihm kommen. Wir sollten uns nicht wundern, wenn manchmal nur wenige Leute in die Kirche kommen. Sie müssen sich von Gott nicht gezwungen, sondern mit den Ketten seiner Liebe gezogen und mit seinen Worten eingeladen wissen: *Ich lade dich ein, komm!* So wie Jesus die ersten Jünger eingeladen hat: *Folge mir nach! Komm und sieh!* Dann werden die Menschen nicht mehr zu Hause bleiben, sondern sich auf den Weg machen, um zum lebendigen Gott zu kommen.

In der heutigen Lesung haben wir gehört: *„Ich erschaffe das Licht und mache das Dunkel“* (Jes 45,7). Es ist Gott, der uns das Licht schenkt: das Licht der Augen, damit wir nicht in der Finsternis bleiben. Der Psalm 27 ist ein Psalm über das Licht: Christus ist das Licht und das Heil.

Die Adventszeit, die wir nun erleben, wurde uns allen in diesem Jahr geschenkt. Es ist eine Gabe Gottes, dass wir diese wunderschöne, besinnliche Zeit zur Verfügung haben und uns in diesen vier Wochen dem Herrn nähern können. Wir warten auf sein Kommen. Es ist eine freudige Erwartung. Jesus ist schon im Kommen, und wir sollen auch im Kommen sein – in der Mitte treffen wir uns, der Herr und ich. Wenn ich nur hier sitzen bleibe und mich nicht auf den Weg mache, dann braucht der Herr etwas mehr Zeit, bis er zu mir kommt. Es geht um diese Strecke. Wir müssen uns auf den Weg machen. Als ich 2007 von Deutschland nach Österreich gehen sollte, hat mich ein Pater gefragt: Wo treffen wir uns jetzt, wenn Sie nach Österreich kommen? Ich habe ihm gesagt: An der Grenze.

Wo Gott einen Platz hat, dort können wir ihm begegnen. Deswegen ist es gut, jetzt im Advent zum Gebet in die Kirche zu kommen. Das sind unsere Schritte auf dem Weg zu Gott. Die Heilige Schrift sollten wir nicht vergessen, denn das Wort Gottes erleuchtet uns auf unserem Weg, auch jetzt in der Adventszeit.

Die Israeliten haben lange auf das Kommen des Herrn gewartet, aber als er endlich gekommen ist, haben ihn manche nicht erkannt. Er ist in Bethlehem geboren. Damals konnten nicht alle Menschen da hingehen und ihn dort sehen. Wir aber kommen gleichsam als Pilger nach Betlehem, denn wir können den Ort der Geburt Jesu auch hier in unserer Kirche haben. Wir holen das Licht von Betlehem. Aber nicht nur das Licht! Wir können auch Jesus holen, ihn einladen. Er ist dort geboren, und wir haben hier sein Licht; das Licht von seiner Krippe, das auch unseren Weg erleuchtet.

Die Israeliten warteten lange Zeit, bis der Herr zu ihnen kam. Immer noch warten die Juden auf ihn. Und wir warten auch auf sein Kommen, aber wir glauben, dass er in jeder Eucharistie gegenwärtig ist. Er kommt zu uns; wir müssen nicht so lange warten, denn er ist immer da. Warten Sie noch auf ihn? Sind Sie ihm schon begegnet? Wir warten darauf, dass er immer wieder zu uns kommt. Aber wir sollten ihn auch einladen: *Komm, Herr Jesus.* Bei den Liedern, die wir vor der hl. Messe gesungen haben, habe ich an den Heiligen Geist gedacht: *Komm, Heiliger Geist.* Das ist der Geist des Herrn, der Geist Jesu. Wenn wir auf den Geist Jesu warten, dann warten wir auf den Herrn. Er kommt immer wieder zu uns.

Liebe Schwestern und Brüder, wir sollten das Kommen des Herrn nicht aus den Augen verlieren. Wir bereiten uns zwar auf das schöne Weihnachtsfest vor und wollen auch, dass der Christbaum in unseren Häusern steht und dass Geschenke da sind, aber viel wichtiger ist unsere Seele. Viel wichtiger ist, dass wir auch einen Platz für den Herrn haben und uns nicht mit unseren Gedanken beschäftigen, die nur diese Wirklichkeit betreffen. Wenn wir offen für den Herrn sein wollen, sollten wir für ihn auch in unserem Inneren Platz machen. Der Herr kommt, wenn wir für ihn einen Platz vorbereiten, wenn wir bereit sind, ihn aufzunehmen.

Besonders in diesen Tagen gibt es viele Bettler – ich habe das heute erfahren. Wir müssen zu ihnen gehen. Gerade jetzt kommen viele Anrufe bedürftiger Menschen und für diese Menschen sollten wir da sein. Gestern habe ich eine Anekdote gelesen, wie eine Frau auf Jesus wartete. Sie hatte alles vorbereitet, aber inzwischen kamen ihre Nachbarin und zwei Bettler, die Hilfe brauchten. Sie sagte ihnen, sie sollten später kommen, weil sie jetzt auf hohen Besuch warte. In der Nacht erschien ihr der Herr, und sie sagte zu ihm: *Herr, ich habe auf dich gewartet, aber du bist nicht zu mir gekommen.* Und Jesus antwortete: *Ich war dreimal bei dir, aber du hattest keine Zeit.*

Liebe Schwestern und Brüder, auch in den Bedürftigen und Armen kommt Jesus zu uns. Er wird beim Weltgericht sagen: „*Was ihr für einen meiner geringsten Brüder getan habt, das habt ihr mir getan*" (Mt 25,40). In diesen schwachen, kleinen, armen, geringsten und bedürftigen Menschen kommt der Herr zu uns. Wir müssen nicht auf das große Fest, auf Weihnachten warten, denn der Herr kommt in unserem Alltag. Er kommt in ganz verschiedenen Situationen, wenn wir nicht ahnen, dass es der Herr ist. Wir reagieren als Menschen, aber wir sollen für jeden offen sein, der uns besonders jetzt in diesen Tagen vor Weinachten besuchen oder etwas von uns haben möchte.

Als Johannes der Täufer auftrat, vermuteten die Menschen, dass er der verheißene Messias ist. Doch er war es nicht. Er sagte: „*Ich bin die Stimme, die in der Wüste ruft: Ebnet den Weg für den Herrn!"* (Joh 1,23).

Liebe Schwestern und Brüder, das ist unsere Aufgabe für den Advent: dem Herrn den Weg zu bahnen, ihm den Weg zu bereiten. Es ist gut, wenn es einen Weg gibt, dann können wir uns problemlos fortbewegen. Ohne einen Weg ist es nicht so einfach – das wissen am besten die Pilger, die zu Fuß nach Mariazell gehen, manchmal auch durch Wälder, wo es keine Straßen gibt. Den Weg zu bereiten, bedeutet, dem Herrn den Zugang zu den Herzen der Menschen zu ermöglichen. Ich bin bereit, den Herrn aufzunehmen, aber ich bin auch bereit, den anderen den Weg zu Gott zu zeigen. Es gibt viele, die sich von ihm und von der Kirche entfernt haben, die in Not geraten sind. Für diese Menschen, die in der Finsternis umherirren und den Weg nicht erkennen, auf dem sie zu gehen haben, sollten wir als Christen, die wir im Licht leben und mit Gott vereint sind, das Licht sein. Der Herr möchte uns immer wieder zu solchen Menschen aussenden, die durch ihr persönliches Leben oder durch das Unrecht, das ihnen widerfahren ist, den Weg zu Gott verloren haben. Gott will auch für sie das Licht sein. Er will, dass sie zu ihm zurückkommen.

Liebe Schwestern und Brüder, Jesus will auch in unserem Leben geboren werden. Es ist eine schöne Erfahrung, wenn wir ihn aufnehmen können, wenn wir mit ihm vereint sind, besonders in der heiligen Kommunion, in der er uns immer wieder besucht. Was machen Sie, wenn Jesus zu Ihnen kommt? Begrüßen Sie ihn? Danken Sie ihm für seinen Besuch bei Ihnen, in Ihrem Leben, in Ihrem Herzen? Es ist schön, mit ihm zu sein. Und es ist gut, nach der heiligen Kommunion eine Zeit in Stille zu verweilen und nicht gleich ein Lied zu singen. Das Lied kann Freude bereiten – auch dem Herrn. Wir brauchen jedoch einige Momente des Innehaltens, der Begegnung und Zwiesprache mit Jesus, um ihm für sein Kommen zu uns danken zu können.

Liebe Schwestern und Brüder, bitten wir den Herrn in dieser heiligen Messfeier für alle Menschen in der ganzen Welt, die sich auf das Kommen des Herrn vorbereiten - die Christen, die Katholiken - aber auch für alle anderen, die vielleicht noch nicht gehört haben, dass Jesus als Messias in die Welt gekommen ist. Beten wir, dass auch sie die Wahrheit erkennen und die Erfahrung des lebendigen Gottes in ihrem Leben machen; dass sie zu Gott, der Quelle des Lebens zurückkommen; dass sie in ihrem Leben mit dem Herrn vereint werden und dass sie auch Zeugen werden, wie diese zwei Jünger von Johannes dem Täufer, der auf Jesus hingewiesen hat: *„Seht, das Lamm Gottes!"* (Joh 1,36). Die zwei Jünger sind Jesus sofort gefolgt. Bitten wir den Herrn um die Kraft, ein solches Zeugnis geben zu können. Amen.

Oberpullendorf, 14.12.2011

Die Bekehrung des hl. Paulus

Liebe Schwestern und Brüder im Herrn!

Die Botschaft Jesu zu Beginn seines öffentlichen Lebens, die wir am vergangenen Sonntag gehört haben, lautete: *„Kehrt um, und glaubt an das Evangelium!“* (Mk 1,15). Die Umkehr, die Jesus von uns immer wieder fordert, ist notwendig, damit wir mit ihm sein können und an das Evangelium glauben.

Während der Messfeier heute Abend gedenken wir des großen Völkerapostels, des hl. Paulus. Seine völlige Umkehr vom bisherigen Leben wurde für das ganze Christentum zum Segen. Durch Paulus hat Gott den Heidenvölkern die Tür geöffnet. Bis zu dieser Zeit sind nur Juden zum Glauben an Jesus Christus gekommen. Seither haben auch alle anderen Völker diese Gnade von Gott erhalten; auch wir. Durch die Bekehrung des Saulus hat Gott viele Menschen zum Glauben geführt.

Es ist Gottes Werk, dass die Menschen zum Glauben an ihn kommen. Wir versuchen im Apostolat, in der Evangelisation tätig und tüchtig zu sein. Hier im Haus St. Stephan organisieren wir immer wieder Exerzitien. Es ist gut, dass wir als Mitarbeiter Jesu da sind. Er braucht unsere Hände, unsere Herzen und unser Gebet. Durch dieses Apostolat, auch das Gebetsapostolat, können die Herzen der Menschen nicht nur erwärmt, sondern auch berührt werden, damit sie sich auf den Weg machen, um Gott zu begegnen. Es ist ein schöner Dienst, zu dem uns Gott berufen und auserwählt hat.

Der Apostel Paulus lebte vor vielen Jahrhunderten. Wir leben in einem Jahrhundert, in dem die Menschen Hunger und Durst nach Gott empfinden. Manchmal können sie nicht unterscheiden, was gut und was böse ist. Sie wissen auch nicht, dass sie durch eine Bekehrung zu Gott zurückkommen können. Gott gibt diese Gnade, er hat sie dem hl. Paulus geschenkt, so überraschend geschenkt, dass dieser nicht wusste, was mit ihm geschah. Solche Erfahrungen können wir manchmal auch bei den Exerzitien erleben. Es ist Gottes Gnade und Gottes Werk.

Unsere katholische Kirche besteht heute aus vielen Nationen, Sprachen und Völkern. Sie ist weltweit und universal. Wenn wir „katholisch“ sagen, dann heißt es „universal“.

Der hl. Paulus hat nach seiner Bekehrung drei Missionsreisen unternommen, um den Menschen die Frohe Botschaft zu bringen und zu verkünden, dass Jesus der verheißene Messias ist: Jesus ist Gottes Sohn und wurde von ihm in die Welt gesandt, um die Menschen zu retten und ihnen zu verkündigen, dass sie nicht allein gelassen sind.

Bei seinen Missionsreisen kam der hl. Apostel Paulus auch nach Europa – Dank sei Gott! Er hat die Menschen zu Gott geführt, ihnen den Weg zu ihm gezeigt und neue Gemeinden gegründet. Er schrieb auch einige Briefe an die christlichen Gemeinden, um ihnen durch seine Anweisungen zu helfen.

Liebe Schwestern und Brüder, wie kam der hl. Paulus zu seiner Bekehrung? Wenn wir heute über ihn sprechen und hören, dann können wir auch an unsere Bekehrung denken. Wann ist alles geschehen? Wir haben heute in der Apostelgeschichte gehört, dass Paulus ein Verfolger der Christen, der Anhänger des neuen Weges war. Er fesselte Frauen und Männer und warf sie ins Gefängnis. So war es auch dieses Mal: Er hatte den Auftrag vom Hohenpriester erhalten, die Frauen und Männer bei den Synagogen in Damaskus zu fesseln und sie nach Jerusalem zu bringen. Vor Damaskus stürzte er zu Boden und das Licht vom Himmel umstrahlte ihn. Er hörte eine Stimme sagen: *„Saul, Saul, warum verfolgst du mich?"*. Er antwortete: *„Wer bist du, Herr?"*. Die Antwort lautete: *„Ich bin Jesus, den du verfolgst"* (Apg 9,4–5).

Liebe Schwestern und Brüder, die Begegnung des Saulus mit Jesus vor Damaskus war die entscheidende Begegnung seines Lebens. Sie schenkte ihm eine neue Orientierung auf seinem Lebensweg und verwandelte ihn so sehr, dass er ein neuer Mensch wurde. Wir Priester können manchmal die Leute sagen hören, dass jemand nach der Beichte oder nach der Krankensalbung ein neuer Mensch geworden ist. Jede Begegnung mit dem Herrn hinterlässt Spuren im Leben, so war es auch im Leben des hl. Paulus. Er war ein Verfolger, trotzdem wurde er ein Anhänger Jesu. Er war ein Eiferer für das Judentum gewesen und wurde zum Eiferer für Jesus und für dessen Sache, zu seinem glühenden Apostel. Jesus hat ihn durch seine Gnade verwandelt. Paulus sagte: *„Durch Gottes Gnade bin ich, was ich bin"* (1 Kor 15,10). Und der Herr versicherte ihn einmal: *„Meine Gnade genügt dir"* (2 Kor 12,9).

Liebe Schwestern und Brüder, durch die Gnade Gottes sind wir, was wir sind. Sie begleitet uns seit unserer Taufe. Und Gott will uns weiterhin begleiten. Das Leben des hl. Paulus war nach der Bekehrung mit Christus verbunden. Von ihm schöpfte er die Kraft für die Missionsreisen und für die Verkündigung der Frohen Botschaft. Er durfte auch sagen: *„Nicht mehr ich lebe, sondern Christus lebt in mir"* (Gal 2,20). So sehr verwandelt Gott die Menschen, dass sie nicht nur Menschen sind, sondern Gott selbst ähnlich werden. Durch seine Gnade sind wir nach seinem Bild erschaffen. Im Brief an die Philipper schreibt der hl. Paulus: *„Ich sehe alles als Verlust an (...) und halte es für Unrat, um Christus zu gewinnen und in ihm zu sein"*

(Phil 3,8–9). Christus stand ihm, wie auch den andern Aposteln, bei und gab ihnen die Kraft, in seinem Namen zu wirken.

Wir haben im heutigen Evangelium gehört, dass jene, die zum Glauben gekommen sind, im Namen Jesu Dämonen austreiben werden (vgl. Mk 16,17); einzig und allein in seinem Namen. Sie werden die Menschen von allen bösen Mächten befreien und von allem, was sie unfrei macht und versklavt. Es ist die Kraft Gottes und nicht die der Menschen, die solche Dinge tut. Gott befreit die Menschen und führt sie in die Freiheit.

„Sie werden in neuen Sprachen reden“ (Mk 16,17). Es ist wichtig, dass unsere Sprache verständlich ist. Manchmal hören wir andere Menschen reden, aber wir verstehen nicht, was sie zu sagen haben. Es ist die Sprache der Liebe und die Sprache des Herzens, die wir brauchen. Können Sie vom Herzen zu Herzen reden? Die Eheleute können JA sagen. Nur die Sprache des Herzens kann die Menschen berühren und verwandeln. Wenn wir liebevolle Menschen sind, werden auch andere zu uns kommen. Unsere Verwandlung vollzieht sich durch die Gnade Gottes. Er macht uns zu liebevollen Menschen, denn wir können nicht dieselben Menschen sein, die heute zur hl. Monatsmesse gekommen sind. Wenn wir Jesus begegnen, werden wir anders leben. Solche Bekehrungen geschehen jeden Tag. Es muss kein so großes und spektakuläres Ereignis wie beim hl. Paulus sein. Der Herr gibt uns die Einsicht, damit wir unsere Sünden und Schwächen erkennen und beichten. Dann kommen wir näher zu ihm.

Im heutigen Evangelium haben wir auch gehört, dass jenen Menschen, die zum Glauben gekommen sind, tödliches Gift nicht schaden wird (vgl. Mk 16,18). Gott beschützt die seinen. Wir müssen uns nicht fürchten oder ängstigen. Wir beten vor dem Essen und segnen unsere Speisen in der Osternachtfeier oder am Ostersonntag. Wenn der Herr sie segnet, schaden sie uns nicht, und wir können sie zum eigenen Wohle und zum Wohle unserer Mitmenschen verwenden.

„Die Kranken, denen sie die Hände auflegen, werden gesund werden“ (Mk 16,18). Der hl. Paulus hat selbst eine Heilung erfahren, als Hananias ihm die Hände auflegte. Wir Priester legen bei der Krankensalbung und bei den Exerzitien den Menschen die Hände auf. Durch die Handauflegung kann man geheilt werden. Das sind die Worte des heutigen Evangeliums. Gott wirkt durch Menschen, die die Hände auflegen. Können alle die Hände auflegen? Ich erinnere mich an eine Geschichte, die uns Pater Bill einmal erzählt hat. Eines Tages kam zu ihm ein Mann, der ihn bat, ihm die Hände aufzulegen. Pater Bill wollte aber, dass er zuerst an den Exerzitien teilnimmt. Denn es ist nicht gut, jedes Mal die Hände aufzulegen, wenn der darum Bittende nicht bereit ist, die Gnade Gottes zu empfangen. Als Pater Bill aus diesem Grund dem zu ihm gekommenen Mann die Handauflegung verweigerte, nahm dieser seine Hand, legte sie selber auf den eigenen Kopf und ging weg, denn alles, was er wollte, war nur die Geste. Uns geht es aber um mehr, nämlich um die Bekehrung, die eine Gnade Gottes ist. Und es geht um das Gebet. Wenn wir bereit sind, können wir von Gott alles erhalten, was wir zum Leben brauchen. Und wir brauchen immer wieder seine Hilfe und seine Gnade.

Danken wir dem Herrn bei dieser Messfeier für unsere Bekehrung, für die Gnade Gottes, die uns zuteil geworden ist, für seine Begleitung und Führung in unserem Leben und bitten wir ihn, dass er immer mit uns ist, uns den Weg weist und dass wir zu ihm in sein Reich gelangen. Amen.

Oberpullendorf, 25.01.2012

DIE BEKEHRUNG – ANFANG DES NEUEN WEGES

Liebe Schwestern und Brüder im Glauben!

Gott kümmert sich um die Menschen. Er schenkt ihnen seine Gnade und begleitet sie auf ihrem Lebens- und Glaubensweg. Auch wenn sich der Mensch von ihm abwendet, geht Gott ihm nach. Er ist wie ein guter Hirte, der die Schafe nicht im Stich lässt.

Die heutige Lesung aus dem Buch Jona erzählt uns von der Sorge Gottes um die Bewohner von Ninive. *„Ninive war eine große Stadt vor Gott"* (Jona 3,3) – haben wir in der Lesung gehört, und Gott wollte diese Stadt retten. Er wollte sie von der Zerstörung und von allen Sünden befreien, die sie hatten zugrunde gehen lassen. Deshalb schickte er dorthin seinen Boten Jona.

Wir kennen seine Lebensgeschichte und wissen, wie er auf den Auftrag Gottes reagierte: Er floh davor und wollte überhaupt nicht nach Ninive gehen. Erst als Gott sein Leben rettete, begab er sich ohne Zögern in die Stadt und rief: *„Noch vierzig Tage, und Ninive ist zerstört"* (Jona 3,4). Wer von den heutigen Propheten kann eine solche Aufgabe auf sich nehmen und durch die Städte gehen – durch Oberpullendorf, Wien, Wiener Neustadt? Gibt es heute überhaupt solche Menschen, die andere zur Umkehr rufen? Menschen, die nicht in ihrem Haus untätig bleiben, sondern den Mut haben, andere daran zu erinnern, was Gott von ihnen erwartet.

Gott möchte, dass sich die Menschen bekehren. Von Anfang an ruft er sie zur Umkehr auf. Nach der Zeit in der Wüste kehrte Jesus wieder nach Galiläa zurück und rief den Menschen ins Gewissen, sie sollen umkehren: „*Kehrt um und glaubt an das Evangelium!*" (Mk 1,15). Das waren die ersten Worte, die er in seiner öffentlichen Tätigkeit an die Menschen gerichtet hat.

Liebe Schwestern und Brüder, es ist nicht einfach, so einen Auftrag Gottes zu erfüllen. Für Jona war es auch nicht einfach. Er wollte überhaupt nicht nach Ninive gehen. Sollen die heutigen Prediger und Verkündiger des Evangeliums auch in der Kirche schweigen? Sollen ihre Predigten kurz und bündig sein, oder das ausdrücken, was Gott von uns will? Als Priester höre ich ab und zu von den Menschen: *Es war zu lang.* Oder: *Die Predigt war zu lang.* Vor der Christmette habe ich von einem Menschen den Auftrag bekommen, nur fünf Minuten lang zu predigen. Ich habe mich nicht zurückgehalten, sondern gesagt: „Ich weiß nicht, wie lange ich predigen werde". Wir sollen das predigen, was Gott von uns erwartet. Wir sollen nicht unsere Meinungen predigen, sondern das Wort Gottes.

Jona hatte von Gott den konkreten Auftrag erhalten, nach Ninive zu gehen und die Menschen zur Umkehr zu rufen. Sie sollten sich von ihren Sünden abwenden und einen neuen Anfang machen. Er drohte ihnen, dass wenn sie sich in vierzig Tagen nicht ändern und keine Buße tun, werden sie mit ihrer Stadt zugrunde gehen. Ninive wird zerstört werden. Wer will heute solche Botschaften hören? Wir wollen nur gute Nachrichten. Wenn uns Menschen anrufen, möchten wir von ihnen am liebsten nur etwas Gutes erfahren. Wir wollen auch nichts über die Nöte anderer wissen. Es ist gut, wenn es wenigstens Menschen gibt, die zuhören können und für die Bedürftigen beten.

Wie reagierten die Menschen auf die drohenden Worte Jonas? Erstens glaubten sie Gott. Zweitens riefen sie ein Fasten aus. Drittens zogen sie Bußgewänder an. Und viertens wandten sie sich von ihren bösen Taten ab. Es waren ihre Reaktionen auf Jonas Worte. Diese Worte kamen nicht von ihm, sondern von Gott selbst. Er rief sie durch seinen Propheten zur Umkehr. Das erkannten die Menschen in Ninive und folgten dem göttlichen Aufruf. Aber nicht nur sie: Als der König von Ninive diese Nachricht hörte, hüllte er sich in ein Bußgewand und setzte sich in die Asche. Er befahl, dass sich Menschen und Tiere in Bußgewänder hüllen, nichts trinken und nichts essen. Sie sollten laut zu Gott rufen, umkehren und sich von ihren bösen Taten abwenden. In der Lesung hörten wir, dass Gott ihr Verhalten und ihre Umkehr sah und zum Glück aller Menschen seine Drohung nicht wahr machte. Eins muss unterstrichen werden: ohne positive Reaktion der Einwohner von Ninive auf den Aufruf Gottes und ohne ihr aktives Mitwirken wäre das nicht möglich gewesen.

Liebe Schwestern und Brüder, brauchen wir die Bekehrung? Wir als gläubige Christen gehen regelmäßig sonntags und an gebotenen Feiertagen in die Kirche. Manchmal sogar auch unter der Woche. Wir beten, fasten und tun die Werke der Barmherzigkeit, machen zum Beispiel Spenden für caritative Zwecke, bezahlen den Kirchenbeitrag: mit einem Wort – wir tun etwas. Brauchen wir also wirklich die Bekehrung? Vielleicht gibt es unter uns manche, die keine Bekehrung brauchen. Könnten sich diese jetzt melden?

Wir alle brauchen die Bekehrung. Als ich am Aschermittwoch kleinen Kindern ein Aschenkreuz an ihre Stirn zeichnete, dachte ich: Sie sind so klein. Brauchen sie dieses Zeichen der Bekehrung? Vielleicht sind sie unschuldig. Wenn ich diese Kleinen mit den Großen vergleiche, denke ich: Vielleicht haben die Kleinen kleine Sünden und die Großen große. Auch kleine Kinder können sündigen, wenn sie sich dessen bewusst sind und es wollen. Sonst ist es keine Sünde. Ob jung oder alt, wir alle brauchen die Bekehrung des Herzens: die Abwendung von unseren Sünden und die Hinwendung zu Gott. Wir sind doch nicht immer bei ihm, auch während der heiligen Messe nicht. Sie wissen selber am besten, wohin Ihre Gedanken wandern, während Sie in der Kirche sind, ob sie hier bleiben, oder nicht. Wir sind zwar hier, aber gedanklich nicht dabei, wir wollen vielleicht lieber eine Fantasiereise durch die Welt machen. Wir sollten ganz bei Gott bleiben, deshalb brauchen wir die Bekehrung jeden Tag neu. Nicht nur in der Fastenzeit.

Liebe Schwestern und Brüder, die Umkehr bedeutet die Abkehr von den bösen Taten. Aber es geht auch um die Abkehr von unseren schlechten Gedanken. Gestern habe ich im Spital alle Versammelten um ein Gebet für eine Frau gebeten, die durch schlechte Gedanken geplagt wird. Ich bitte auch Sie heute um ein Gebet für Monika. Manchmal können die Menschen ratlos sein, wenn sie von solchen bösen Mächten geplagt werden und wirklich Hilfe brauchen. Sie sind ratlos, aber Gott will anderen durch uns helfen. Wenn wir für sie beten, werden sie gestärkt. Im Geiste Jesu sind wir immer zusammen und miteinander verbunden. Wir brauchen die Bekehrung von unseren Gedanken, Einstellungen, Vorstellungen sowie von unseren Worten, Überzeugungen, Wünschen, Sehnsüchten und Erinnerungen. Wir, unser Geist und unsere Seele, brauchen die Umkehr von allen Sünden. Sie vollzieht sich vor allem im Bußsakrament, wo der liebevolle, barmherzige Herr auf uns wartet. Aber wir müssen unsere Sünden erst einsehen und bereuen. Wir müssen merken, dass wir gesündigt haben und den Herrn um Vergebung bitten: Herr, ich habe gesündigt, mit Gedanken, Worten und Werken. Auch unser Leib braucht Umkehr. Besonders von Begierden und schlechten Angewohnheiten. Mit einem Wort: Der ganze Mensch braucht die Umkehr. Sie ist ein Prozess. Nur manche Menschen haben die Umkehr in einem Augenblick erlebt – das ist eine Gnade Gottes. Sie können Gott um diese Gnade für jene Menschen bitten, die die Umkehr besonders brauchen. Gott gibt sie uns. Meistens dauert dieser Prozess ein ganzes Leben lang. Vielleicht ist das nichts Erfreuliches für Sie. Die Umkehr kann aber auch viel Freude bringen, wenn Sie merken, dass Sie heute nach dieser Messfeier als ganz andere Menschen nach Hause gehen. Ihr Ehemann oder Ihre Ehefrau wird sich freuen: Meine Frau/mein Mann ist heute Abend anders, zumindest heute.

Durch die Umkehr können wir jeden Tag neu beginnen und uns Gott nähern. Die Umkehr ist ein Weg. Heute kann ich Gott ganz nah sein, morgen mich vielleicht von ihm entfernen. Es ist ein Prozess. Wenn ich will, gibt Gott mir die Gnade. Er lädt mich auf den Weg der Bekehrung ein und führt mich darauf. Ich bin nicht allein, die Bekehrung hängt nicht von mir allein ab. Wir müssen aufbrechen. Wir können ja doch nicht bis morgen im Haus St. Stephan bleiben, oder wollen Sie das vielleicht?

Im Buch Joel gibt es die dringende Bitte, die wir am Aschermittwoch gehört haben: *„Kehrt um zum Herrn von ganzem Herzen, denn er ist gnädig und barmherzig, voll Langmut und reich an Güte“* (Joel 2,12–13).

Liebe Schwestern und Brüder, wir sollen zum Herrn durch Gebet, Fasten und Werke der Liebe umkehren. In dieser Fastenzeit und immer wieder. Amen.

Oberpullendorf, 29.02.2012

Der Glaube – die Gabe Gottes

Liebe Mitbrüder im priesterlichen und diakonalen Dienst, liebe Schwestern und Brüder!

Der Glaube ist ein Geschenk Gottes. Wir haben ihn bei der Taufe empfangen. Durch den Glauben haben wir den Zugang zu Gott und Anteil am göttlichen Leben, am Leben des Dreifaltigen Gottes. Ohne Glauben können wir Gott nicht gefallen. Im ersten Petrusbrief lesen wir: „*Durch ihn seid ihr zum Glauben an Gott gekommen, der ihn von den Toten auferweckt hat und ihm die Herrlichkeit gegeben hat, sodass ihr an Gott glauben und auf ihn hoffen könnt*" (1 Petr 1,21).

Liebe Schwestern und Brüder!

Durch Jesus Christus sind wir zum Glauben an Gott gekommen und durch ihn haben wir die Hoffnung, dass auch wir in die Herrlichkeit Gottes kommen können; dorthin, wo unser Herr Jesus Christus ist. Aber er sagte auch: *Ich komme wieder zu euch und werde euch holen, damit auch ihr dort seid, wo ich bin* (vgl. Joh 14,3). Das kann, muss aber nicht, heute, morgen oder in zehn, zwanzig Jahren sein. Jesus will, dass wir mit ihm sind, dort, wo er ist. Jetzt ist er auch hier bei uns, denn wir haben die Eucharistiefeier im Namen Gottes begonnen. Es ist unser Glaube, nicht unser Wissen. Unser Glaube lässt uns hoffen, dass der Herr jetzt bei uns ist. Wir haben uns heute als gläubige Menschen im Haus St. Stephan in Oberpullendorf versammelt. Wir glauben nicht an materielle Dinge und nicht an Menschen, sondern an einen, einzigen, lebendigen und wahren Gott. Wir brauchen nichts mehr, denn der Glaube trägt uns und lässt uns jeden Tag neu hoffen. Im Glauben wandeln und leben wir, bewegen wir uns und sind wir. Wenn der auferstandene Herr immer wieder zu uns kommt, stärkt er unseren Glauben und ermutigt uns, auf dem Glaubensweg weiter zu gehen. Er hat uns zum Glauben geführt, denn durch ihn glauben wir an Gott. Er hat uns versichert: *„Ich bin bei euch alle Tage bis zum Ende der Welt"* (Mt 28,20).

Diese Worte sind auch heute Abend gültig. Der Herr, Jesus Christus, ist mit uns und begleitet uns auf unserem Weg. Er hilft uns. Wir müssen nicht an alles denken und alles erledigen. Wir haben jemand, der für uns sorgt. Können Sie Ihre Sorgen immer wieder dem Herrn übergeben? Eine Übergabe hat in Wien stattgefunden, als wir dort im Jahre 2012 einen Einkehrtag mit Kardinal Francis Arinze erlebt haben. Kardinal Schönborn ist mit ihm zu uns gekommen und hat gesagt: „Ich übergebe euch den Kardinal". Er hat ihn uns übergeben. Alles, was wir haben und was wir sind, sollten wir dem Herrn übergeben. Dann sind wir frei und müssen die Lasten unseres Lebens nicht selbst tragen. Der Herr nimmt alles mit. Er hat unsere Sünden und unsere Schuld aufs Kreuz genommen und uns erlöst. Diese Übergabe ist sehr wichtig, weil sie zeigt, dass wir unser Leben mit dem Herrn vereinen und eins mit ihm sind. Er ist unser Gott, denn er hat uns erschaffen und uns so viele Gaben geschenkt. Die größte und die schönste davon ist der Glaube. Wir sollten Gott für dieses einmalige Geschenk jeden Tag loben und preisen. Geschenke kosten nichts. Der Herr liebt uns und gibt uns so viel. Können wir unseren Glauben richtig schätzen? Er ist wie Feuer, das die Welt „entflammen" kann, damit die Menschen durch uns zu Gott zurückkommen. Wenn wir nach der hl. Messe und der Anbetung in unser Umfeld zurückgehen, dann nehmen wir Feuer der Liebe und des Glaubens mit, das brennen muss, damit auch die

Herzen der Menschen brennen. Wenn die Herzen brennen, dann kommen die Menschen zu Gott, zur Quelle ihres Lebens. Deshalb ist der Herr immer bei uns. Den Glauben, den wir empfangen haben, sollen wir stärken: durch das Gebet, die Bibel, das Wort Gottes, das wir lesen oder hören, durch die Sakramente, in denen der Herr auf eine besondere Art und Weise wirkt. Sie sind Zeichen seiner Gegenwart, insbesondere die Eucharistie. Er gibt uns sein Wort und sich selbst, um uns zu stärken. Im Bußsakrament empfangen wir seine Vergebung unserer Sünden, seinen Segen und die Kraft. Er versöhnt uns mit seinem Vater und den Menschen. Wenn wir krank sind, können wir das Sakrament der Krankensalbung empfangen, in dem der Herr uns stärkt und auch heilt. Die Sakramente sind auch Zeichen des Wirkens Gottes, weil er nicht nur gegenwärtig, sondern auch am Werk ist; er handelt.

Liebe Schwestern und Brüder, der Glaube ist ein unverdientes Geschenk Gottes. Wir können ihn uns nicht verdienen. Er wurde uns gegeben. In diesem Glauben sind wir hier. Wir haben vierzig Tage nach Ostern bis zum Fest Christi Himmelfahrt die Auferstehung Jesu gefeiert und danach, zehn Tage lang bis Pfingsten, um den Heiligen Geist gebetet.

Der Herr kam zum ungläubigen Thomas und sagte: *„Selig sind, die nicht sehen und doch glauben“* (Joh 20,29); *„Sei nicht ungläubig, sondern gläubig!“* (Joh 20,27). Die Verbindung mit dem Herrn, ob wir ihn sehen oder nicht, ist sehr wichtig. Der Herr ist da, auch wenn wir ihn nicht sehen. Der Glaube zählt. Die Nähe des Herrn reicht uns. Gott hat sich auch im Alten Testament geoffenbart. Er sagte zu Mose: *„Ich bin der, Ich bin da“* (Ex 3,14).

Liebe Schwestern und Brüder, Abraham steht am Anfang unseres Glaubens. Im Jahre 2012 waren wir mit Sr. Margaritha Valappila und einer Gruppe in Indien. Sr. Margaritha feierte dort ihr goldenes Jubiläum, fünfzig Jahre Ordensprofess. Zu dieser Feier kam der Erzbischof von Trichur. Alles fand in der Kathedrale, im Dom von Trichur statt. Wir gingen als Gruppe, die Priester als Konzelebranten, durch die Kirche und sangen ein Lied, das sich Schwester Margaritha wünschte: „Hilf uns Glauben wie Abraham" – ein wunderschönes Lied. Diesen Glauben sollen wir nicht nur beibehalten, sondern auch weitergeben. Abraham kam zum Glauben, weil der Herr ihn gerufen hatte. Er sagte zu ihm: *„Zieh weg aus deinem Land, von deiner Verwandtschaft und aus deinem Vaterhaus"* (Gen 12,1). Seit dieser Zeit können die Menschen an Gott glauben. Es war der Anfang des Glaubens. Hilf uns glauben wie Abraham, denn er ist der Vater des Glaubens. Gott schloss mit ihm einen Bund. Er versprach ihm, bei ihm zu bleiben und ihn zu segnen. Er sollte ein Segen für alle Völker sein. Es ist schön, den Segen Gottes zu empfangen. Es ist auch schön, zu hören, wie Gott zu uns spricht: *Ich segne dich. Du gehörst mir.* Abraham glaubte Gott und der Herr rechnete es ihm als Gerechtigkeit an.

Liebe Schwestern und Brüder, als der Glaube im Volk Israel schwach geworden war, sandte Gott den Propheten Elija, damit es die richtige Entscheidung treffen und wieder zu Gott zurückkommen konnte. Im Namen Gottes bereitete Elija ein Opfer vor, und Gott nahm es an. Die Folge dessen war, dass das Volk Israel wieder zum Glauben an Gott kam. Wir brauchen solche Zeichen auch in unseren Zeiten, wenn wir schwach im Glauben und im christlichen Leben sind. Dann schickt Gott uns einen Propheten wie Elija, damit wir wieder zu ihm zurückkommen.

Im Neuen Testament lobte Jesus Christus oft den Glauben verschiedener Menschen, darunter den Glauben des aus Kafarnaum stammenden Hauptmanns. Dieser kam zu Jesus, um ihn um Hilfe zu bitten, weil sein Diener krank war. Jesus sagte einen schönen Satz über ihn: *„Einen solchen Glauben habe ich in Israel noch bei nie-*

mand gefunden" (Mt 8,10; Lk 7,9). Und dann noch zum Schluss: *„Geh! Es soll geschehen, wie du geglaubt hast*" (Mt 8,13).

So wie wir glauben, so wird es geschehen. Wenn Sie mit Glauben beten, wird es so geschehen, wie Sie es sich wünschen. Können Sie sich vorstellen, dass Gott Ihre Wünsche nach seinem Willen erfüllt? Wenn wir stark im Glauben sind, erfüllt Gott unsere Wünsche. Wenn wir dagegen etwas schwach werden, dann sind wir unsicher. Gott will uns helfen. Zugang zu ihm haben wir nur durch den Glauben. Wenn wir mit ihm vereint sind, ist er in uns und mit uns, und wir werden seine Zeugen sein.

Der Herr lobte auch den Glauben von vier Männern, die einen Gelähmten zu ihm brachten. Im Evangelium steht geschrieben: *„Als Jesus ihren Glauben sah, sagte er zu dem Gelähmten: Mein Sohn, deine Sünden sind dir vergeben!*" (Mk 2,5; vgl. Mt 9,2; vgl. Lk 5,20).

Liebe Schwestern und Brüder, wenn wir nicht einen solchen festen Glauben haben, ist es noch nicht so tragisch. Wir können Jesus doch immer bitten: Herr, stärke meinen Glauben. Aber es geht um den Glauben anderer Menschen, die auch für uns beten. Wenn wir diesen felsenfesten Glauben nicht haben, können andere bei Gott für uns Hilfe erbitten, aufgrund des Glaubens derer, die für uns beten. Es ist ein Trost für uns. Zu einer heidnischen Frau, die Jesus um die Befreiung ihrer Tochter gebeten hatte, sagte Jesus: *„Frau, dein Glaube ist groß. Was du willst, das soll geschehen*" (Mt 15,28). Von dieser Stunde an war ihre Tochter geheilt.

So einen großen Glauben brauchen wir, dann werden Wunder und Zeichen geschehen. Jeden Tag erfahren wir, wie Gott wirkt; nicht wir wirken, sondern Gott wirkt durch uns. Zu einer anderen Frau, die an Blutungen litt, sagte Jesus: *„Meine Tochter, dein Glaube hat dir geholfen*" (Mk 5,34). Sie kam zu Jesus und berührte den Saum seines Gewandes, weil sie hoffte, geheilt zu werden. So ist es auch geschehen.

Wir kennen die schöne Erzählung über die Hochzeit zu Kana, wo Jesus sein erstes Wunder tat. Er verwandelte das Wasser in Wein. Zum Schluss der Erzählung steht geschrieben: *„Seine Jünger glaubten an ihn“* (Joh 2,11). Eine weitere schöne Erzählung aus dem Neuen Testament, aus dem Johannes-Evangelium, ist das Gespräch Jesu mit der Samariterin. Dort lesen wir: *„Viele Samariter aus jenem Ort kamen zum Glauben an Jesus auf das Wort der Frau hin (...) und noch viel mehr Leute kamen zum Glauben an ihn aufgrund seiner eigenen Worte“* (Joh 4,39.41).

Wenn wir Zeugnis geben, werden die Menschen berührt. Wir müssen nicht im Herzen die Sorge tragen, dass viele Menschen nicht mehr in die Kirche kommen und Gott verlassen, denn er kümmert sich auch um sie. Er gibt viele Zeichen, damit die Menschen zu ihm zurückkommen, denn ohne ihn können wir nicht leben und ohne Glauben an ihn sind wir nicht imstande zu existieren. Jesus selber hat für Petrus gebetet und dafür, dass sein Glaube nicht erlischt. Deshalb ist es gut, wenn wir auch für jene Menschen beten, die im Glauben schwach geworden sind. Beten Sie für solche Menschen, für alle die aus der Kirche ausgetreten sind und nicht mehr zu den Gottesdiensten kommen. Wie Sie wissen, gibt es hier in Oberpullendorf verschiedene Autowerkstätten. Manchmal bin ich dort und während ich warte, bete ich für diese Menschen, die dort arbeiten. Und wissen Sie was passiert ist? Eine Frau, die dort arbeitet, kommt seit einiger Zeit wieder in die hl. Messe in Mitterpullendorf. Ist es nicht schön, solche Menschen in der Kirche zu sehen? Sie kommen wieder, wenn wir für sie beten. Es ist ein Zeichen. Wo auch immer wir sind, sollen wir für diese Menschen beten. Gott weiß, was sie brauchen, und sie werden wieder zu ihm zurückkommen.

Jesus sagte einmal zu seinen Jüngern: *„Wer an mich glaubt, wird die Werke, die ich vollbringe, auch vollbringen. Er wird noch größere vollbringen, denn ich gehe zum Vater“* (Joh 14,12).

Durch den Glauben können wir tun, was Jesus getan hat. Er wird durch uns wirken, wenn wir ihn zulassen. Es gibt noch eine weitere schöne Aussage im Markusevangelium: *„Durch die, die zum Glauben gekommen sind, werden folgende Zeichen geschehen: In meinem Namen werden sie die Dämonen austreiben, sie werden in neuen Sprachen reden. Wenn sie Schlangen anfassen oder tödliches Gift trinken, wird es ihnen nicht schaden. Die Kranken, denen sie die Hände auflegen, werden gesund werden"* (Mk 16,17–18).

Liebe Schwestern und Brüder, ich wünsche Ihnen einen solchen Glauben, damit auch Sie die Zeichen und Wunder sehen können. Amen.

Oberpullendorf, 30.05.2012

Die Mutter von der Immerwährenden Hilfe

Liebe Schwestern und Brüder im Glauben!

Zwei Monate im Jahr nennen wir Marienmonate: Mai und Oktober. Die Mutter Gottes wird dann besonders durch Maiandachten und durch das Rosenkranzgebet verehrt. Aber auch in anderen Monaten werden viele Marienfeste oder Gedenktage gefeiert:

1. Januar	Hochfest der Gottesmutter Maria
2. Februar	Maria Lichtmess
25. März	Verkündigung des Herrn
13. Mai	Unsere Liebe Frau von Fatima
Mai oder Juni	Unbeflecktes Herz Mariens
2. Juli	Mariä Heimsuchung
15. August	Aufnahme Mariens in den Himmel
22. August	Maria Königin
8. September	Mariä Geburt
12. September	Mariä Namen bzw. Heiligster Name Mariens
15. September	Schmerzen Mariens
7. Oktober	Unsere Liebe Frau vom Rosenkranz
3. November	Mutter Gottes von den Armen Seelen
21. November	Unsere Liebe Frau in Jerusalem
8. Dezember	Hochfest Mariä Empfängnis (Ohne Erbsünde empfangene Jungfrau und Gottes Mutter Maria)

Das ganze Jahr über haben wir also einige Marienfeste. Wir verehren die Gottesmutter Maria auch jeden Samstag, der sogar ihr Tag, d. h. „Mariensamstag", genannt wird.

Liebe Schwestern und Brüder, mit Maria, der Mutter Gottes, sind wir alle von Kindheit an vertraut und verbunden. Unsere Mütter oder Omas haben uns das erste Mariengebet gelehrt, und wir kennen es auswendig und beten es bis heute. Die erste Hälfte dieses schönen Gebetes kommt aus der Bibel, den zweiten Teil hat die Kirche dazugeschrieben. „Gegrüßet seist du Maria" ist ein wunderschönes Gebet, das wir oft wiederholen. So sind wir durch die Gebete und Andachten mit Maria in unserem Leben und im Glauben gewachsen. Sie hat uns aber auch geführt. Unsere Mütter oder Omas haben uns vielleicht ein Marienbild oder eine Marienstatue in der Kirche, zu Hause oder auf dem Weg gezeigt. Heute gibt es in unserem Altar das Bild der Mutter von der Immerwährenden Hilfe. Es gibt verschiedene Bilder und Statuen der Muttergottes. In unseren Nöten und Schwierigkeiten suchen wir Hilfe und Zuflucht bei ihr. Sie ist auch die Mutter von der Immerwährenden Hilfe, das heißt, sie hilft immer und zu jeder Zeit. Wir können zu ihr kommen und sie um Hilfe bitten. Maria lässt niemanden ohne Hilfe. Dadurch, dass wir zu ihr kommen, zeigen wir unser Vertrauen. Viele Menschen bedanken sich bei ihr für erhaltene Gnaden mit Votivtafeln.

Die Ikone der Mutter von der Immerwährenden Hilfe entstand im 14. Jahrhundert auf der Insel Kreta. Sie wurde später nach Rom gebracht, dort vom Papst Alexander VI. in der Kirche des hl. Apostels Matthäus aufgestellt und drei Jahrhunderte lang von den Gläubigen verehrt. Nachdem die Kirche im Jahre 1798 zerstört worden war, geriet das berühmte Gnadenbild in Vergessenheit. Durch eine wunderbare Fügung wurde es gefunden und im Jahre 1866 vom Papst Pius IX. der Kongregation des Heiligsten Erlösers anvertraut. Der Papst sagte damals zu den Redemptoristen: „Sorgen Sie dafür, dass die Mutter von der Immerwährenden Hilfe auf der ganzen Welt bekannt wird". Bis heute verbreiten die Redemptoristen die Andacht zur Mutter von der Immerwährenden Hilfe und sorgen für ihre Verehrung.

Liebe Schwestern und Brüder, Maria wurde von Gott erwählt und dazu bestimmt, die Mutter des Sohnes Gottes zu werden. Sie hatte bestimmt ihre eigenen Lebenspläne, wie jeder andere Mensch, aber Gott greift in ihr Leben ein und hat einen großen Plan für sie. Sie konnte es am Anfang nicht begreifen und fürchtete sich, als der Erzengel Gabriel zu ihr kam, deshalb ermutigte er sie und sagte: *„Fürchte dich nicht, Maria; denn du hast bei Gott Gnade gefunden"* (Lk 1,30). Er sagte ihr außerdem dass sie ein Kind empfangen und einen Sohn gebären wird (vgl. Lk 1,31). Und Maria antwortete: *„Ich bin die Magd des Herrn; mir geschehe, wie du es gesagt hast"* (Lk 1,38). Danach verließ sie der Engel. So wichtige Worte sagte Maria. Sie war mit dem Plan Gottes einverstanden. Wie könnte es denn anders sein? Gott hat doch die besten Pläne für uns. Wir können selbst etwas planen, aber Gott hat einen fantastischen Plan für uns, den wir entdecken und danach leben sollten. Dann werden wir immer glücklich sein, weil Gott für uns das Beste möchte.

Maria empfängt das Kind – Immanuel, wie wir im Buch Jesaja gehört haben – in erster Linie nicht für sich selber, sondern für die Menschen. Sie wird das Kind gebären und der Welt schenken. Das ist das Schönste, was es auf der Erde gibt: Gott den anderen geben. Viele Menschen sehnen sich zwar nach Gott, nach seiner Gegenwart, aber sie gehen ihre eigenen Wege, deshalb brauchen sie die Umkehr. Wir haben am Anfang der hl. Messe ein Lied gesungen, in dem es die Worte der Umkehr gab. Maria ist ein Zeichen der Hoffnung für uns alle, aber wir sind es, die einen Schritt machen müssen; um nicht, wie jetzt, herumzusitzen. Wir müssen unterwegs sein, mit Gott und zu den Menschen, die auf ihn warten. Er will durch uns zu den Menschen kommen. Er will auch durch uns angenommen werden. Wie Maria Jesus angenommen und anderen geschenkt hat, so sollen auch wir Jesus zu uns nehmen und anderen schenken – das ist eine wunderbare Aufgabe für uns heute und morgen.

Gott will Gemeinschaft mit uns, deshalb müssen wir Jesus immer wieder in unser Leben einladen und beten: Komm, Herr Jesus in mein Leben. Komm, Herr Jesus zu mir; zu uns nach Hause. Gott will uns aus der Sünde und aus allem Bösen befreien, denn er ist der Befreier und Retter. Er ruft auch uns, nach seinem Plan zu leben. Wir sollen unsere Pläne Gott übergeben. Er kann sie korrigieren und weiß am besten, was für uns gut ist und das allein will er für uns. Durch Maria konnte Gott auf die Welt kommen und möchte das auch durch uns tun. Viele Menschen warten auf ihn, auf seine Geburt in ihrem Herzen und in ihrem Leben. Ohne Gott können wir uns unser Leben nicht vorstellen.

Durch den Besuch Mariens bei ihrer Verwandten Elisabeth erfüllte Gott diese und ihren Sohn Johannes mit dem Heiligen Geist. Im Haus des Zacharias und der Elisabeth lobte Maria Gott für alle Taten, die er in ihrem Leben getan hatte. Das Magnificat ist ein wunderschöner Lobpreis.

Nachdem Jesus bei einer Wallfahrt in Jerusalem geblieben war, ohne dass seine Eltern es gemerkt hatten, suchten Maria und Josef nach ihm, bis sie ihn im Tempel fanden, wo er auf die Fragen der Schriftgelehrten antwortete. Im Evangelium lesen wir: „*Seine Mutter bewahrte alles, was geschehen war, in ihrem Herzen*“ (Lk 2,51) und dachte darüber nach.

Die Rolle Mariens können wir am besten bei der Hochzeit in Kana verstehen. Dort machte sie Jesus aufmerksam: „*Sie haben keinen Wein mehr*“ (Joh 2,3). Maria bat nicht um ein Wunder oder um die Verwandlung des Wassers, sondern stellte fest, dass die Hochzeitsgäste keinen Wein mehr haben. Zu den Dienern sagt sie: *„Was er euch sagt, das tut!"* (Joh 2,5). Das war alles, was Maria tat. Und wir wissen, dass Jesus das Wasser in Wein verwandelte und dass seine Jünger an ihn glaubten. In Kana in Galiläa geschah dieses Wunder und das andere Wunder war, dass die Jünger an ihn glaubten. Durch die Wunder können die Menschen zum Glauben an Gott kommen. Jesus kann auch unsere leeren Krüge mit Wasser füllen und es dann verwandeln: unseren Unglauben in Glauben, unsere Lieblosigkeit in Liebe, unseren Unfrieden in Frieden, unsere Hoffnungslosigkeit in Hoffnung. Nur er kann das tun, und wir können darüber staunen, was Gott in unserem Alltag vollbringt. Dann sollen wir Gott nur loben und preisen. Durch die Wunder wird auch unser Glaube gestärkt.

Maria sehen wir auch unter dem Kreuz Jesu. Das heutige Evangelium berichtet uns davon. Sie wird mit ihrem Sohn als Pieta dargestellt. Maria Mater Dolorosa, die schmerzhafte Mutter, litt mit ihrem Sohn. Dort, unter dem Kreuz hörte sie ihn sagen: *„Frau, siehe, dein Sohn!"* (Joh 19,26). Und sein Jünger hörte die Worte: *„Siehe, deine Mutter!"* (Joh 19,27). Im heiligen Evangelium nach Johannes steht es weiter: *„Und von jener Stunde an nahm sie der Jünger zu sich"* (Joh 19,27). Wir können heute nicht ohne Maria nach Hause kommen. Sie müssen sich heute entscheiden. Wir können die Mutter Gottes nicht hier lassen. Das Haus St. Stephan braucht Maria zwar auch, aber wir müssen sie trotzdem mit uns nehmen, mit ihr leben und sie an unseren Arbeitsplatz und zu uns nach Hause einladen, damit sie mit uns ist, und nicht nur irgendwo in der Kirche als eine Statue oder als ein Bild. Es wäre zu wenig, wenn wir nur ein Marienbild zu Hause hätten. Maria soll in unserem Leben gegenwärtig sein. Das bedeutet, ich soll mit ihr sprechen, sie um Hilfe bitten und mit ihr in Kontakt bleiben. Es ist der lebendige Glaube, wenn ich Maria aufnehme, sie als Person betrachte und mit ihr spreche; nicht mit dem Bild oder mit der Statue. Sie ist nur auf einer Ikone/Statue dargestellt. Wir müssen mit ihr sprechen und ihr unser ganzes Leben anvertrauen, so wie der sel. Papst Johannes Paul II.: *Totus Tuus – Ganz dein*. Das ist die volle Hingabe an Maria. Sie wird uns zu Gott führen. Sie hat die Mutterschaft für alle Menschen übernommen, nicht nur für uns. Sie hilft allen, ihr Leid zu verstehen und zu bestehen. Sie ist bis unter das Kreuz gekommen und hat alles erlebt. Es ist nicht einfach für eine Mutter, zu leiden oder sehen zu müssen, wie ihr Sohn stirbt. Aber es gibt solche Mütter, die das erleben. Es ist nicht einfach. Die Mutter der Schmerzen hilft uns erkennen, dass unsere Leiden einen tiefen Sinn haben, wenn sie mit dem Leiden Jesu verbunden sind.

Liebe Schwestern und Brüder, was können wir von Maria am heutigen Abend lernen? Wir können zuerst von ihr die tiefe Verbundenheit mit Gott lernen. Zweitens: die Demut. Maria sagte: *„Ich bin die Magd des Herrn; mir geschehe, wie du es gesagt hast“* (Lk 1,38). Von Maria können wir auch die Bereitschaft lernen, das neue Leben anzunehmen. Sie lehrt uns auch beten. Sie preist die Größe des Herrn im Haus des Zacharias und der Elisabeth. Von ihr lernen wir, die Heilige Schrift zu lesen, zu betrachten und zu lieben. Wir wollen mit Maria als ihre geistigen Kinder weitergehen und Gott für ihre Erwählung danken.

Ich beende diese Predigt mit einem Gebet aus der syrischen Liturgie, das von den Redemptoristen als Einführungsvers zur heutigen Feier gewählt wurde:

Mutter Gottes, nimm uns unter deinen Schutz und beschirme uns in allen Gefahren. Du bist unsere große Hoffnung. Überwinde und vernichte alles, was uns wegen unserer Sünden schaden kann. Geleite uns zum Hafen, o Seligste. Amen.

Oberpullendorf, 27.06.2012

Die Berufung des hl. Jakobus

Liebe Mitbrüder im priesterlichen Dienst, liebe Schwestern und Brüder im Herrn!

Der heilige Apostel Jakobus, dessen Gedenktag wir heute begehen und dessen Festtag wir heute feiern, war der Sohn des Fischers Zebedäus und der Salome und der ältere Bruder des Apostels Johannes. In den Evangelien fallen die beiden Zebedäus-Söhne wiederholt auf. Wegen ihres ungestümen Temperaments nannte sie Christus „Donnersöhne". Jakobus war der Zeuge der Verklärung Jesu auf dem Berg Tabor. Er war auch am Ölberg, im Garten Getsemani dabei. Als erster der Zwölf erlitt er in Jerusalem den Märtyrertod. Um das Jahr 44 ließ ihn König Herodes Agrippa I. mit dem Schwert hinrichten. Nach alter spanischer Überlieferung soll sein Leib in Santiago de Campostela begraben sein.

Anfang Juli dieses Jahres (2012) wurde von unserem Pfarrverband eine Pilgerfahrt nach Spanien organisiert. Die Pilger sind jeden Tag ein Stück des Jakobsweges gegangen.

Liebe Schwestern und Brüder! Der Eröffnungsvers der heutigen Messfeier erinnert uns an die Berufung der beiden Söhne des Zebedäus: *„Als er weiterging, sah er zwei andere Brüder, Jakobus, den Sohn des Zebedäus, und seinen Bruder Johannes; sie waren mit ihrem Vater Zebedäus im Boot und richteten ihre Netzte her. Er rief sie"* (Mt 4,21). Der hl. Jakobus ist der Apostel der ersten Stunde, genauso wie sein Bruder Johannes und die beiden Brüder Simon und

Andreas. Der Herr hat Jakobus und Johannes in seine Nachfolge gerufen. Wir wissen, dass sie Jesus sofort JA sagten. Ohne Murren und Bedenken, ohne Wenn und Aber sind sie Christus sofort gefolgt. Sie haben ihren Vater mit den Tagelöhnern zurückgelassen und sich unverzüglich entschieden, ab dieser Stunde nur mit Jesus zu sein und bei ihm zu bleiben.

Herbert Schedl aus Steinberg-Dörfl, der Ihnen schon bekannt ist, hatte einen Beruf und arbeitete seit 1989 im Landwirtschaftsministerium in Wien. Im Jahre 1987 erlebte er eine Bekehrung in Medjugorje. 1995 trat er ins Priesterseminar ein und im Jahre 2000 wurde er zum Priester geweiht. Der Herr hat ihn auf diese Art und Weise berufen.

Karl Schlögl aus Oberloisdorf arbeitete zuerst in einem Lebensmittelgeschäft in seinem Heimatort. Er war auch Leiter der Filiale, hatte aber seit langer Zeit den Wunsch, Priester zu werden. Erst nach dem Tod von Dechant Heissenberger entschloss er sich, ins Priesterseminar zu gehen. Am 29. Juni 2009 wurde er zum Priester geweiht.

Liebe Schwestern und Brüder, es gibt viele solche Fälle, wo der Herr die Menschen in seine Nachfolge ruft. Es ist egal, in welchem Alter sie sind, denn wenn der Herr beruft, gehen sie zu ihm, in seine Nähe. Seit dieser ersten Stunde, als Jesus die Apostel anblickte und sie berief, folgten sie ihm und blieben bei ihm. Sie gingen nicht mehr nach Hause, um sich von ihren Angehörigen zu verabschieden, sondern folgten Jesus sofort nach und waren mit ihm unterwegs. Sein Lebensstil, sein Alltag wurde zu ihrem Alltag, zu ihrem Lebensstil. Sie hörten die Botschaft Jesu, der gekommen war, um zu suchen und zu retten, was verloren war. Die Apostel hörten also Jesus zu und sahen auch, wie die Menschen ihm begeistert folgten. Als sie einmal mit dem Boot am anderen Ufer des Sees ankamen, wartete dort schon eine große Menschenmenge auf sie.

In der Schule Jesu, die drei Jahre lang dauerte, bekamen sie die beste Ausbildung.

Wenn Sie sich noch ausbilden wollen, dann wissen Sie wo: bei Jesus können Sie die beste Ausbildung machen.

Die Apostel waren Augenzeugen vieler Wunder, Heilungen und Befreiungen, die Jesus gewirkt hat. Warum hat er sie berufen? Die Antwort auf diese Frage finden wir im Ruf vor dem heutigen Evangelium: *„Ich habe euch erwählt und dazu bestimmt, dass ihr euch aufmacht und Frucht bringt und dass eure Frucht bleibt“* (Joh 15,16). Jesus hat die Apostel berufen, damit sie Früchte bringen, in ihrem Leben und im Leben ihrer Mitmenschen. Welche Früchte sollten die Apostel bringen? In der Natur gibt es Gemüse, Blumen, Getreide – das sind alles Früchte der Erde. Sollten sie solche Früchte hervorbringen? Nein. Sie sollten die Früchte des Geistes hervorbringen. Im Brief an die Galater zählt der hl. Paulus die Früchte des Geistes auf. Es sind: Liebe, Freude, Friede, Sanftmut, Treue, Freundlichkeit, Güte, Langmut und Selbstbeherrschung (vgl. Gal 5,22–23). Solche Früchte des Geistes und keine anderen sollten die Apostel hervorbringen, das heißt: zuerst mit Liebe, Frieden und Freude erfüllt sein, in der Liebe bleiben, in der Liebe und im Frieden mit anderen leben, auch wenn sie manchmal geärgert wurden. Die Früchte sollten zuerst in ihnen sein, in ihrem Innersten, und erst später auch nach außen sichtbar und bemerkbar werden.

Der Herr gibt den Aposteln die Kraft. In der ersten Lesung haben wir gehört, dass die Kraft von Gott kommt. Die Apostel können nichts aus sich selber tun. Die Kraft kommt vom Herrn, und alles, was sie tun, ist nicht ihr Werk, sondern das Werk Gottes. Nicht der Mensch ist am Werk, sondern Gott, denn der Mensch kann nichts aus eigener Kraft tun. Nur aus der Kraft Gottes können wir die Werke vollbringen, die Jesus vollbracht hat. Können Sie sich vorstellen, was in der Pfarre passiert, wenn Sie nach Hause kommen und dort wirken? Wie viele Menschen würden dann in die Kirche kommen? Die Kirchen würden voll sein. Die Jugendlichen würden nicht irgendwo einen Platz für sich suchen, zu verschiedenen Veranstaltungen gehen, sondern in die Kirche kommen. Können Sie sich unsere Kirche in der Zukunft so vorstellen? Kinder und Jugendliche in der Kirche? Der Herr kann Wunder tun, aber wir müssen glauben; dem Herrn alles übergeben. Es hängt nicht von uns ab. Sie können ihn bitten, wenn Sie sonntags in die Kirche gehen: Herr, sammle heute viele Menschen in der Kirche. Dann werden Sie staunen, Gesichter in der Kirche zu sehen, die Sie seit langem hier nicht gesehen haben. Ich kann es Ihnen bezeugen. Wenn ich so bete, führt der Herr jene Menschen in unsere Kirche, die manchmal seit Monaten oder Jahren nicht hier waren. Sie kommen wieder. Machen Sie sich keine Sorgen um die Zukunft! Der Herr will alle Menschen retten. Nicht wir, denn wir können niemanden retten, auch wenn wir ein Gebet sprechen, in dem es heißt: „1000 Seelen werden gerettet werden". Nicht wir retten die Menschen durch das Gebet, sondern Gott selber. Er geht auf die Suche, um die Menschen zu retten. Wir sollen ihm nur alles anvertrauen und keine Sorge haben. Er rettet uns und will auch andere retten. Er hat seinen Aposteln den Geist geschenkt, in dem sie die Gaben, Früchte und Charismen für ihren Dienst erhalten haben. Er hat sie nicht nur mit ihren Begabungen und Fähigkeiten ausgestattet, das wäre zu wenig. Sie brauchten die innere göttliche Kraft, um zu wirken. Wer kann denn Wunder tun, heilen und befreien? Wir durch ein Gebet? Auf keinen Fall. Es ist der Herr, der die Wunder vollbringt, heilt und befreit.

Im September dieses Jahres (2012) gibt es hier im Haus St. Stephan Exerzitien mit Sr. Elsis und Sr. Gracy. Ihr Thema lautet: „Die Salbung mit dem Heiligen Geist – Gaben, Früchte und Charismen". Ich lade Sie schon heute zu diesen Exerzitien ein.

Die Früchte des Geistes müssen sichtbar und bemerkbar sein, sie sollen bleiben. Immer wieder beruft Jesus die Menschen zur Nachfolge, auch wir sind dazu berufen. Beten wir heute bei dieser Messfeier für alle Berufenen und für diejenigen, die der Herr in Zukunft in seine Nachfolge berufen wird, damit sie ihm treu bleiben und in ihrem Leben gute Früchte hervorbringen. Amen.

Oberpullendorf, 25.07.2012

Die Rettung durch den Glauben

Liebe Schwestern und Brüder im Glauben!

Als Jesus unterwegs nach Jerusalem war, stellte ihm einer eine sehr wichtige Frage: *„Herr, sind es nur wenige, die gerettet werden?"* (Lk 13,23). Vielleicht stellen auch wir uns und anderen Menschen ähnliche Fragen. Vielleicht überlegen wir, ob wir wirklich gerettet werden. Als Jesus den Leuten einmal sagte, dass ein Reicher nur schwer in das Reich Gottes kommen wird, erschraken sie sehr und fragten: *„Wer kann dann noch gerettet werden?"* (Lk 18,26). Aus der Heiligen Schrift wissen wir, dass Gott alle Menschen retten will. *„Er will, dass alle Menschen gerettet werden und zur Erkenntnis der Wahrheit gelangen"* (1 Tim 2,4). Es ist keine breite Straße, sondern eine enge Tür, die uns zu Gott führt. Durch diese Tür haben wir alle zu gehen. Wir müssen uns nach unseren Kräften und natürlich mit Gottes Gnade bemühen, durchzukommen. Jesus sagte im heutigen Evangelium: *„Denn viele, sage ich euch, werden versuchen hineinzukommen, aber es wird ihnen nicht gelingen"* (Lk 13,24). Erschrecken Sie sich nicht bei diesen Worten Jesu! Warum werden viele nicht durch die Tür hineinkommen? Sie werden anklopfen und rufen: *„Herr, mach uns auf!"* (Lk 13,25). Sie werden zum Herrn sagen: *„Wir haben doch mit dir gegessen und getrunken und du hast auf unseren Straßen gelehrt"* (Lk 13,26). Der Herr wird ihnen aber sagen: *„Weg von mir, ihr habt alle Unrecht getan!"* (Lk 13,27). Jetzt wissen wir, warum so viele Menschen nicht durch die enge Tür hineingehen dürfen: sie haben Unrecht getan. Es bedeutet, sie haben Gott und seine Gesetze missachtet und sich für einen Lebensstil ohne Gott entschieden. Sie haben also ihren eigenen Weg ohne Gott gewählt.

Liebe Schwestern und Brüder, es reicht nicht, mit dem Herrn zu essen und zu trinken. Es reicht auch nicht, auf ihn zu hören. Es ist notwendig, seine Lehre ins Leben umzusetzen und nach dem Evangelium, nach seinem Evangelium zu leben. Der Herr will, dass wir ihn lieben und an ihn glauben. Das ist das Entscheidende: die Liebe, die niemals endet und der Glaube, den wir hier auf Erden, aber nicht mehr nach unserem Tode brauchen.

Im Markusevangelium lesen wir folgende Worte: *„Wer glaubt und sich taufen lässt, wird gerettet!"* (Mk 16,16). Das ist die frohe Botschaft des heutigen Abends. Wir alle sind getauft und glauben an Gott. Ist unser Glaube stark oder schwach? Wir müssen einen festen Glauben haben! Er ist entscheidend, wenn wir gerettet werden und in das Reich Gottes kommen wollen. Ohne ihn können wir Gott nicht gefallen. Die Apostel haben den Herrn einmal gebeten: *„Stärke unseren Glauben!"* (Lk 17,5). Vielleicht sollten wir den Herrn öfters darum bitten, dass er unseren Glauben stärkt! Und wir müssen uns nach unseren Kräften und mit der Gnade Gottes bemühen, in diesem Glauben zu wachsen!

Liebe Schwestern und Brüder, am 11. Oktober 2012 haben wir das Jahr des Glaubens begonnen. Und wir freuen uns, dass wir ein ganzes Jahr dafür haben, unseren Glauben zu vertiefen und zu festigen und dadurch näher zum Herrn zu kommen. Die Tür des Glaubens, so schreibt Papst Benedikt XVI., steht für alle offen. Sie führt zu Gott und zum Leben mit ihm. Wenn wir durch diese Tür hineinkommen, werden wir uns auf den Weg machen, auf den Weg des Glaubens, der ein ganzes Leben lang dauert. Aber es ist ein Abenteuer mit Gott, zu dem wir durch den Glauben Zugang haben und daher in unserem Leben nicht alleine sind. Wir können mit ihm so wie mit anderen Menschen leben, die mitten unter uns sind. Gott ist eine Person, die spricht, versteht, führt und erleuchtet, die uns das ewige Leben versprochen hat. Und durch den Glauben können wir diesen Weg wirklich gehen. Auf diesem Weg erreichen wir das Heil, das Gott uns zugesprochen hat. Der Glaube muss wachsen, der Glaube muss sich entwickeln und gestärkt werden. Er muss in unserer Kirche als kostbarer Schatz neu entdeckt werden. Wir müssen wissen, warum wir an Gott glauben, was der Glaube uns gibt. Wir müssen den Glauben nicht annehmen. Aber wenn wir Gott erkannt haben, werden wir dankbar sein, dass er uns in der Taufe den Glauben geschenkt hat! Durch den Glauben haben wir Zugang zu ihm.

Der Glaube bedeutet auch die Entscheidung, mit Gott zu sein und mit ihm zu leben. Der Glaube führt uns zur Begegnung mit Gott und öffnet uns auf ihn, auf seine Wirklichkeit und auf die Gaben, die er uns immer wieder schenken möchte. Aus dem Glauben heraus sollen wir die Zeugen Jesu in unserer Welt sein. Jeder, der etwas erfährt (hier geht es um die Erfahrung des Glaubens), kann es nicht für sich selbst behalten. Er wird weiter erzählen, was er erlebt hat. Und wir als Christen brauchen diesen Mut, in der Welt Jesus zu bezeugen, über ihn zu sprechen, die Erfahrungen auszutauschen, die wir mit Gott, mit Jesus schon gemacht haben. Zeugen sind diejenigen, die etwas erlebt haben. Sie bezeugen das Erlebte. Die Welt braucht Zeugen, Menschen, die ihnen Gott bringen, die für sie ein Wegweiser zu Gott und zum Glauben sind. Den Glauben brauchen alle Menschen, aber nicht immer wissen sie, was sie wirklich brauchen. Den Glauben, den wir empfangen haben, sollten wir weitergeben. Wenn wir auf unsere Welt schauen, bemerken wir, dass die Erde ausgetrocknet ist. Aber immer wieder finden wir Pflanzen, die noch blühen. Selbst in der Wüste kann man blühende Pflanzen finden. Selbst in der Wüste findet man Oasen. Und ich denke, dass wir im Haus St. Stephan so eine Oase des Glaubens haben, wenn wir zur Heiligen Monatsmesse kommen. Wir sollten uns und unseren Glauben stärken, damit wir in die Welt gehen und sagen: Jesus lebt! Ich bin ihm begegnet.

Liebe Schwestern und Brüder, mit Maria haben wir das Jahr des Glaubens begonnen. Der Monat Oktober ist Marienmonat. Maria ist Rosenkranzkönigin. Von ihr können wir viel lernen. Maria ist diejenige, die geglaubt hat. Sie hat geglaubt, was Gott ihr gesagt hat. Sie glaubte also Gott, sie glaubte, was er ihr verkündet hat. Und von ihr können wir lernen, wie wir unseren Glauben schützen und ihn in der Welt bezeugen sollen.

Liebe Schwestern und Brüder, für Gott ist alles möglich. Er hat Großes an Maria getan, er kann auch Großes in unserem Leben und in diesem Jahr des Glaubens bewirken! Öffnen wir ihm unsere Herzen, unseren Verstand, unsere Ohren, damit er durch sein Wort uns durchdringt und unseren Glauben stärkt. Amen.

Oberpullendorf, 31.10.2012

Lobpreis, Glaube und Verfolgung der Christen

Liebe Schwestern und Brüder im Herrn!

Die heutige Lesung aus der Offenbarung des Johannes schildert uns eine Vision, in der Johannes sieben Engel und die Sieger über das Tier sah. Die Sieger trugen die Harfen Gottes und sangen das Lied des Mose und das Lied zu Ehren des Lammes. Sie dankten Gott, dem Schöpfer und dem Herrscher über die ganze Schöpfung, für seine wunderbaren Taten. Er, der König der Völker, ist gerecht und seine Wege sind zuverlässig. Er ist heilig. Die Völker kommen zu ihm, um ihn anzubeten und seinen Namen zu preisen.

Liebe Schwestern und Brüder, zu diesem Gott bekennen wir uns alle. Diesen wahren und lebendigen Gott wollen wir loben und preisen, nicht nur heute bei unserer Monatsmesse, sondern immer. Zum Lobe Gottes versammeln wir uns in den Gebetsgruppen. Zu seiner Ehre leben wir und singen die Lieder. Der Lobpreis ist das schönste Gebet! Er ist auch befreiend und verwandelnd, weil Gott uns allen durch dieses Gebet hilft. Er befreit und verwandelt. Bei ihm erfahren wir Hilfe. Bei diesem Gebet fielen die Mauern in Jericho und öffneten sich die Tore im Gefängnis, in dem Paulus und Silas waren. Der Lobpreis ist also das stärkste Gebet.

Liebe Schwestern und Brüder, wir leben in einer Welt, in der der Glaube nicht immer selbstverständlich ist. Nicht alle Menschen sind gläubig und katholisch, auch in unserer Umgebung. Als ich in die Seelsorge nach Lindau kam, in die Pfarren St. Josef und Maria, Königin des Friedens, da habe ich den Menschen manchmal gesagt, dass ich gekommen bin, um den Glauben zu stärken. In Lindau leben ungefähr 50% Katholiken und 50% Protestanten.

Der katholische Glaube muss gestärkt werden. Ich sage damit nicht, dass alle in der Stadt katholisch sein sollen. Wenn es aber wenige Katholiken gibt, sollen sie einen festen Glauben haben. Wir können die Worte wiederholen, die Jesus einmal zu Petrus gesagt hat: *„Stärke deine Brüder"* (Lk 22,32). Er hat damit die Stärkung im Glauben gemeint. Gott will uns also in die Welt senden, damit wir den Menschen helfen, im Glauben zu leben und standhaft zu bleiben. Wir brauchen nicht unsere Konfession, den Glauben, zu wechseln. Wir sind auf dem richtigen Platz. Der katholische Glaube ist so stark und so groß, dass er Berge versetzen kann, auch hier in der Nähe. Wir müssen daran glauben.

Liebe Schwestern und Brüder, im heutigen Evangelium hat Jesus seinen Jüngern eine Zeit vorausgesagt, in der sie festgenommen und verfolgt werden. Sie werden ins Gefängnis geworfen und vor die Könige und Statthalter geführt werden. Das ist die Zeit, in der die Jünger Jesu das Zeugnis ablegen können. Das Gefängnis muss nichts Böses sein, wenn wir dort Gott verherrlichen und von ihm Zeugnis geben können. Also auch im Gefängnis können wir evangelisieren: die frohe Botschaft vom Heil den Menschen nahebringen. Wir können die Menschen auf Jesus hinweisen, sie zu Gott hinführen, so dass sie sich bekehren und ein neues Leben beginnen können. Wie sollen wir uns als Jünger Jesu in der heutigen Zeit verhalten? Die Jünger müssen sich keine Sorgen machen und nicht überlegen, was sie sagen sollen, denn der Herr steht ihnen bei. Er ist mit ihnen. Sie brauchen nicht; im Voraus über ihre Verteidigung besorgt zu sein. Der Herr wird ihnen die richtigen Worte und die Weisheit in dem Moment eingeben, in dem sie Hilfe brauchen.

Liebe Schwestern und Brüder, die Anhänger Jesu werden auch in ihren eigenen Familien verfolgt. Jesus hat einmal gesagt: „*Drei werden gegen zwei stehen und zwei gegen drei (...), die Schwiegermutter gegen ihre Schwiegertochter und die Schwiegertochter gegen die Schwiegermutter*" (Lk 12,52–53). Die Eltern werden gegen die Kinder und Kinder gegen ihre Eltern sein. Selbst Verwandte und Freunde werden die Jünger Jesu ausliefern, und manche von ihnen werden getötet (vgl. Lk 21,16). Die Jünger Jesu sind mit ihrem Herrn verbunden. Solche Spannungen zwischen den Menschen (auch in der eigenen Familie) sind die Folge der Entscheidung für Gott und sein Reich. Wenn wir zu Gott stehen, werden wir kein einfaches Leben haben. Aber wir müssen uns dem Herrn hingeben, ihm alles anvertrauen. Wir brauchen nicht zu kämpfen, er wird das für uns tun. Er ist unser Beschützer, unser Retter, unser Heiland. Jesus wird für uns alles tun, damit wir in den Himmel kommen, damit wir gerettet werden. Wir sollen nur guten Willen haben und Jesus folgen, weil wir wissen, dass er das Beste für uns möchte. Die Anhänger Jesu sollten keine Angst und keine Furcht haben, weil der Herr mit ihnen ist. Er beschützt sie und gibt ihnen die Kraft in der Stunde der Bedrängnis. Er gibt ihnen das, was sie brauchen. Er stärkt sie. Sie erhalten von ihm die Hilfe. Jesus fordert von seinen Jüngern Ausdauer und Standhaftigkeit, wenn er sagt: „*Wenn ihr standhaft bleibt, werdet ihr das Leben gewinnen*" (Lk 21,19). Also nur diejenigen, die ausdauernd und standhaft bleiben, werden das Leben gewinnen.

Liebe Schwestern und Brüder, unser Herr Jesus Christus braucht heute mutige Menschen, die ihm auf dem Weg des Glaubens folgen. Er braucht Menschen, die Kraft haben, ihn und seine Wahrheit in der Welt zu bezeugen, und die mit ihm tief verbunden sind. Er braucht Menschen, die in der Liebe leben und ihm ganz und mit ungeteiltem Herzen dienen, die seine Worte in die Tat umsetzen.

Liebe Schwestern und Brüder, bitten wir unseren Herrn Jesus Christus in dieser Messfeier um einen unerschütterlichen Glauben und um die Kraft und den Mut, den Herrn bis zum Ende standhaft zu bekennen und ihn in der Welt zu bezeugen. Amen.

Oberpullendorf, 28.11.2012

Die Erwartung des Messias

Liebe Schwestern und Brüder im Herrn!

Im Eröffnungsvers der heutigen Eucharistiefeier lesen wir folgende Worte: *Der Herr wird kommen, er lässt nicht auf sich warten (...), denn er ist unser Heiland!* (vgl. Hebr 10,37).

Der Herr wird kommen. Wir alle warten auf ihn, jedes Jahr begehen wir Advent und jedes Jahr warten wir auf sein Kommen. Wir erwarten ihn mit großer Sehnsucht unseres Herzens. Die Israeliten warteten lange, sehr lange auf ihn, auf den Erlöser, auf den Messias. Und wir? Wie lange warten wir schon auf ihn? Wir wissen und sind sicher, dass er zu uns kommt, dass er immer wieder zu uns kommt: In der Messfeier, im Gebet. Er hat doch selbst gesagt: „*Wo zwei oder drei in meinem Namen versammelt sind, da bin ich mitten unter ihnen*“ (Mt 18,20). Er kommt zu uns im Wort der Heiligen Schrift. Er kommt zu uns, wenn wir zum Bußsakrament gehen. Er ist in allen sieben Sakramenten gegenwärtig. Er wirkt durch den Priester. Er kommt. Wird unsere Sehnsucht nach ihm auch immer größer? Können wir ihn noch geduldig erwarten? Können wir ihn in der Stille unseres Herzens erwarten? Die Sehnsucht nach dem Retter, nach dem Messias wurde damals in Israel immer stärker. Viele Menschen haben in Johannes den Messias vermutet. Aber er sagte nichts davon. Deshalb waren die Menschen auch unsicher. Johannes der Täufer erklärte also: „*Ich bin die Stimme, die in der Wüste ruft: Ebnet den Weg für den Herrn!*“ (Joh 1,23). Diese Stimme weist auf den Messias hin. *„Bist du der, der kommen soll, oder müssen wir auf einen anderen warten?“* (Lk 7,19), ließ Johannes der Täufer seine Jünger Jesus fragen. Selbst er war also unsicher, ob Jesus der verheißene Messias ist und ob er schon da ist. Daher seine oben zitierte Frage. Der Messias ist gekommen. Aber wir warten immer noch auf ihn. Ist Jesus der Messias, auf den wir warten, oder müssen wir noch einen anderen erwarten? Wenn wir dem Herrn, dem Messias nicht begegnet sind, dann warten wir immer noch und sind vielleicht so unsicher wie Johannes der Täufer. Vielleicht fragen wir in unserem Herzen: „Bist du jetzt bei mir? Bist du schon zu mir gekommen? Ich spüre nichts. Du sprichst nicht zu mir. Wie soll ich erkennen, dass du bereits bei mir bist?“

Auch Maria und Elisabeth haben auf den Herrn, auf Gott gewartet. Dieses Warten war für sie keine leere Zeit, so wie es auch für uns keine leere Zeit ist. Wir bemühen uns, mehr zu beten, öfter in die Kirche zu kommen, besonders zur Rorate-Messe bereits um 6 Uhr in der Früh. Maria und Elisabeth haben sich in ihren Herzen auf das Kommen Gottes vorbereitet. Beide suchten nach ihm, und beide warteten auf ihn. Sind wir auch auf der Suche nach Gott? Suchen wir ihn in unserem Haushalt, in unserer Arbeit, beim Gespräch?

Liebe Schwestern und Brüder, der Herr selbst sagte einmal: *„Ich komme wieder!“* (Joh 14,3). Das sind seine Worte, seine Verheißung! Wenn er es sagt, gehen seine Worte in Erfüllung! *„Ich komme wieder!“* (Joh 14,3).

Die ersten Christen, wie wir schon wissen, haben auch auf den Herrn gewartet. Sie waren überzeugt, dass er bald zu ihnen kommt. Und sie beteten: „Maranatha, komm Herr Jesus!“ Sollten nicht auch wir so wie die ersten Christen beten? „Komm, Herr Jesus zu mir, zu meiner Familie, zu mir nach Hause! Komm zu meinen Angehörigen, komm zu den Armen und Bedürftigen, die Not leiden!“. Viele Menschen haben das Kommen des Herrn erlebt. Sie sind ihm begegnet.

Zu Weihnachten in diesem Jahr (2012) hat mir ein Priester nur eins gewünscht: tiefe religiöse und geistige Erlebnisse in der Eucharistiefeier am Tag der Geburt Christi. Wir können uns auch wünschen, dem Herrn besonders in der Messfeier zu begegnen. Er kommt wie beim Propheten Elija nicht im Lärm, nicht im Sturm, nicht im Feuer, sondern im leisen Säuseln des Windes. Wenn wir in seinem Namen versammelt sind, können wir auch seine Gegenwart nicht verpassen. Wir können sicher sagen: „Es ist der Herr. Er ist gekommen". Können Sie eine so frohe Nachricht Ihrer Familie übermitteln? Wenn Sie einmal in der Heiligen Messe in Raiding, Horitschon, Neckenmarkt, in Stoob oder in Oberpullendorf waren und dem Herrn begegnet sind, ist das ein starkes Zeugnis. Zu diesem Zeugnis rief uns unser Papst Benedikt XVI. auf. Wenn wir dem Herrn begegnet sind, werden wir auch seine Zeugen sein! Wir werden anderen darüber erzählen, auch wenn sie uns auslachen sollten. Wir müssen damit rechnen, dass nicht alle Menschen unser Zeugnis annehmen. Dann beten Sie: „Herr, bitte segne sie! Öffne ihre Herzen! Lass sie eine Erfahrung mit dir machen".

Liebe Schwestern und Brüder, Gott hat einen Plan. Er will die Menschen erlösen und retten, ihnen das Heil schenken, deshalb kam er vor fast 2000 Jahren und kommt auch heute immer wieder auf die Welt. Er greift in das Leben der Einzelnen, der Gläubigen ein. Er will jedem Menschen durch andere seine Botschaft mitteilen: dass er geboren und zu uns gekommen ist. So war es im Leben des Ehepaares, über das wir in der Lesung gehört haben. So war es auch im Leben der Elisabeth und des Zacharias. Gott erhörte das Gebet des Zacharias und sagte zu ihm durch den Engel: *„Deine Frau Elisabeth wird dir einen Sohn gebären"* (Lk 1,13). Und er sollte diesem Kind einen von Gott bestimmten Namen geben. So war es auch im Leben Mariens, so kann es auch in unserem Leben sein. Elisabeth, die Frau des Zacharias, sagte im heutigen Evangelium:

„Der Herr hat mir geholfen; er hat in diesen Tagen gnädig auf mich geschaut und mich von der Schande befreit, mit der ich in den Augen der Menschen beladen war“ (Lk 1,25).

Liebe Schwestern und Brüder, der Herr wird kommen. Johannes der Täufer hat ihm den Weg zu den Herzen der Menschen vorbereitet. Er sagte: *„Bereitet dem Herrn den Weg! Ebnet ihm die Straßen!“* (Lk 3,4). Wir haben noch einige Tage Zeit bis Weihnachten. Wir sollen dem Herrn den Weg bahnen, damit er nicht nur zu uns kommt, sondern auch zu allen Menschen, mit denen wir verbunden sind. Denken Sie auch an alle, die in Not sind, die den Herrn notwendig brauchen. Manchmal wissen sie es nicht, aber wenn sie die Erfahrung haben, dass Gott zu ihnen gekommen ist, dann werden sie anders leben und anders denken. Wir rufen in diesen Tagen zum Herrn: „Komm, o Herr, such uns heim mit deinem Frieden, dass wir mit reinem Herzen uns freuen vor dir“.

Der Eröffnungsvers der heiligen Messe ruft uns in diesen Tagen zur Freude auf: *Jubelt, ihr Himmel, und jauchze o Erde, der Herr wird kommen und mit uns sein* (vgl. Jes 49,13). Die Präfation betont: *„Kommen wird der, den alle Völker erwarten! Da, der Retter kommt, der Herr Jesus Christus!“*.

Liebe Schwestern und Brüder, der Advent geht zu Ende. Ich hoffe, dass Sie die kurze, noch übrig gebliebene Adventzeit fruchtbar nutzen, damit Sie am kommenden Weihnachtsfest dem Herrn begegnen können. Amen.

Oberpullendorf, 19.12.2012

Der Glaube an Gott

Liebe Schwestern und Brüder im Glauben!

Die Israeliten befanden sich im babylonischen Exil. Dort in der Fremde wurden sie gezwungen, andere Götter zu verehren. Die heutige Lesung berichtet uns über Schadrach, Meschach und Abed-Nego. Diese drei waren in der Fremde besonders stark im Glauben. Der König Nebukadnezzar zwang sie, seine Götter zu verehren. Er ließ sie ein goldenes Standbild errichten. Beim Klang der Hörner, Pfeifen, Zithern, Harfen, Lauten und Sackpfeifen sollten sie niederfallen und das goldene Standbild verehren und anbeten. Als sie das nicht taten, wurden sie in den glühenden Feuerofen geworfen. Wir wissen, was sie machten. Sie wollten dem König keine Antwort geben. Für sie war wichtig, was sie lebten. Durch ihr Leben bekräftigten sie, dass sie den einen, einzigen, wahren und lebendigen Gott verehren. Diese drei Männer waren ihrem Gott treu. Deshalb hielten sie im Glauben stand. Sie gaben dem König durch ihr Leben die Antwort, dass sie nur diesem einzigen, dem Gott Israels dienen und ihn verehren wollen. Aufgrund ihrer Absage und ihrer Haltung wurden sie in den glühenden Feuerofen geworfen. Und Gott verließ sie dort nicht. Er schickte ihnen einen Engel, der sie beschützte, damit sie keinen Schaden nahmen. Sie blieben unversehrt, und angesichts dieses Wunders begann der König, den Gott der Israeliten zu preisen! Also nicht nur wir, hier bei der Monatsmesse, loben und preisen Gott. Auch die Mächtigen dieser Welt können miteinbezogen werden, ihn zu loben und zu preisen, besonders wenn sie solche Wunder sehen, die einst der König Nebukadnezzar sah.

Liebe Schwestern und Brüder, die Versuchungen, anderen Göttern zu dienen, kommen immer auf uns zu. Sie können sich an die Exerzitien im September vorigen Jahres 2012 erinnern. Bevor wir sie in diesem Saal begonnen haben, war hier ein Buddhabild. Dieses Bild wurde entfernt. Wir können nicht beiden Herren dienen. Wir haben einen lebendigen Gott, wir brauchen Buddha nicht zu verehren. An vielen Orten können wir auch heute verschiedene Bilder oder Statuen sehen. Vor kurzem habe ich erfahren, dass auch im damaligen Pfarrhof eine Buddhastatue steht, die von außen auch zu sehen ist. Auch hier, im Rathaus von Oberpullendorf, war vor einigen Jahren ein Kopf eines Mannes zu sehen, der mit unserer Religion nichts zu tun hat. In Deutschland habe ich schon manches erlebt; dort, wo Buddhastatuen aufgestellt wurden. Auch im Klinikum in Neumarkt, wo ich tätig war, war in der Eingangshalle eine Buddhastatue aufgestellt. Selbst vor dem Einkehrtag bei den Niederbronner Schwestern wollte eine Yogagruppe ihre Veranstaltung durchführen. Sie haben schon den großen Saal gemietet, und wir sollten uns in einem kleinen versammeln. Aber als sie am Samstag in der Früh gekommen sind und sich diesen Saal noch einmal angeschaut haben, haben sie kapituliert und sind woanders hingegangen. Preiset den Herrn, weil er solche Wunder tut! Jenen Saal also, in dem wir vorher schon viele Exerzitien organisiert haben, wollen oder wollten auch andere Gruppen benutzen. Dann aber hat es sich gezeigt, dass der Raum für sie nicht entsprechend war – so die Erklärung.

Liebe Schwestern und Brüder, wir haben einen einzigen und lebendigen Gott. Warum sollten wir anderen Göttern die Ehre geben, uns vor ihnen beugen oder niederfallen und ihnen dienen? Reicht uns nicht der lebendige Gott, der uns immer zu Hilfe kommt, der mit uns ist, der für uns sorgt, der in unserem christlichen Leben eine wichtige Rolle spielt? Alles hängt von ihm ab: unser ganzes Leben, unsere Zukunft, unsere Ewigkeit! Er ist unser bester Wegbegleiter, unser Retter und Befreier. Er befreit uns aus jeder Not, aus der Sklaverei der Sünde. Er befreit uns von allen Götzen. Sie können auch überlegen, welchen Götzen Sie in der Vergangenheit gedient haben. Vielleicht sind sie noch in Ihrem Leben und in Ihrem Herzen gegenwärtig und lebendig. Es können Menschen oder Dinge dieser Welt sein: verschiedene Götzen, die in uns vielleicht noch am Werk sind. Sie können manchmal auch mächtig sein und wollen von uns verehrt werden. Wir aber müssen ihnen immer wieder widersagen und Gott, den einzigen Herrn unseres Lebens, zu uns einladen. Wenn wir uns von Gott fernhalten, haben die Götzen und Götter auch Zugang zu uns. Es ist nicht möglich, Leere im Herzen zu haben. Irgendjemand oder irgendetwas muss darin sein. Es ist also wichtig, sich zu bemühen, dass Gott in unserem Herzen die erste Stelle einnimmt. Wir kennen das erste Gebot: neben dem einzigen Gott sollen wir keine anderen Götter haben. Nur er soll unser Gott sein, und ihn sollen wir aus ganzem Herzen, aus ganzer Seele und aus ganzer Kraft lieben. Nur Gott also, nicht das Geld, nicht den Besitz!

Einmal hat uns Pater Joseph Bill folgendes erzählt: Er war einmal bei einem sterbenden Menschen. Dieser liebte das Geld so sehr, dass er sich wünschte, es vor seinem Tod noch einmal zu sehen. Als er das Geld bekam, umarmte er es und sagte: „Mein Geld, mein Geld!“ Und so starb er. Wir können sagen: „Mein Gott, nicht mein Geld, nicht das Geschaffene, sondern Gott, der alles erschaffen hat“. Er ist unser Gott, unser Herr, und ihm sollen wir uns immer mehr nähern, besonders jetzt in der Fastenzeit. Wir haben noch eine Woche bis Ostern und können uns darauf besinnen, was das Wichtigste in unserem Leben sein sollte. Wenn wir Gott für wichtig halten, werden wir auch alles tun, um diese Beziehung zu ihm, diesen Kontakt mit ihm zu pflegen und zu ihm zu stehen, weil wir doch so viel von ihm empfangen. Wir können nur dankbar sein, dass Gott unser Herr ist. Für ihn sollten wir auch das Zeugnis in der Welt geben, das heißt also mutig sein, wie die drei Männer im Feuerofen, auch wenn wir manchmal zu leiden haben. Das alles nehmen wir auf uns. Nicht alle Menschen glauben an Gott, aber sie können zum Glauben kommen, wenn wir ihm treu bleiben. Auch Kinder und Jugendliche, alle brauchen unser Zeugnis!

Liebe Schwestern und Brüder, durch unseren Glauben kommen andere zum Glauben an Gott! Wir müssen den Glauben in unserem Herzen haben! Dann wird auch die Welt anders sein. Wir sollten die Lichter sein, die Lichter des Glaubens, damit alle anderen erleuchtet werden und zu Gott zurückkommen. Beten wir in dieser Messfeier besonders um die Befreiung von allen Götzen, aber auch um die Kraft, Gott zu jeder Zeit zu loben und zu preisen. Amen.

Oberpullendorf, 20.03.2013

Das Wort Gottes und der Glaube

Liebe Schwestern und Brüder im österlichen Glauben!

Die Verkündigung des Wortes Gottes war der Auftrag Jesu. Er ist von seinem Vater auf die Erde gesandt worden, um alles zu sagen, was er ihm aufgetragen hat. Er ist gekommen, um die Menschen zu retten und ihnen den Weg zum Vater zu zeigen. Einmal hat ihn einer der Apostel gebeten: „*Herr, zeig uns den Vater!*" (Joh 14,8). Jesus hat ihm gesagt: „*Ich und der Vater sind eins!*" (Joh 10,30). Jesus ist der Weg zum Vater. Für uns alle ist das erfreulich, weil wir einen guten Begleiter haben, der uns auf diesem Weg in das Haus des Vaters führt. Wir müssen also nicht alleine auf diesem Weg bleiben, diesen Weg gehen. Wir sollen den Herrn rufen: „Herr, geh mit!". Gehen Sie immer mit ihm, dann werden Sie glücklich, und es wird Ihnen alles gelingen! Wir sollen Jesus als unseren Wegbegleiter ernst nehmen und ihm folgen.

Durch die Kraft des Wortes Gottes hat Jesus die Augen, die Ohren und die Herzen der Menschen geöffnet. So kraftvoll war seine Verkündigung, so mächtig war sein Wort, dass er die Herzen der Menschen öffnete. Einmal sagte er: „*Öffne dich!*" (Mk 7,34). Wir haben bei der Taufe den Ritus „Effata – Öffne dich!". Wir sollen uns öffnen. Wir sollen unsere Augen, Ohren und Herzen öffnen für Jesus, für Gott, für die Wirklichkeit des Himmels, weil wir im Glauben schon alles auf der Erde haben: wir haben Anteil am göttlichen Leben. Wenn wir in das Reich Gottes hineinkommen, sind wir in der Gemeinschaft mit Gott. Gott ist mit uns, und wir sind mit ihm! Deshalb ist es sehr wichtig, unsere Augen, Ohren und Herzen zu öffnen. Wenn wir jetzt in der Osterzeit das Evangelium hören, wissen wir auch, dass Jesus durch die verschlossenen Türen hineingeht. Auch wenn Sie keinen Mut haben, Ihre Herzen aufzumachen, dann warten Sie, bis Jesus kommt, damit Sie ihm begegnen können. Nur wenn Jesus zu uns kommt, sind wir fröhliche Menschen. Wir haben die Freude, die vom auferstandenen Herrn kommt. Diese Freude kann uns niemand wegnehmen. Wir haben den Herrn in uns, einerseits ist er unser Wegbegleiter, andererseits ist er in uns.

Ist Jesus in Ihnen auferstanden oder noch nicht? Wenn wir das Osterfest feiern, müssen wir an die Auferstehung nicht nur glauben, sondern mit Jesus auferstehen. Er soll in unserem Leben auferstehen. Wir glauben an seine Auferstehung, aber wir werden mit ihm auch am Ende der Zeiten auferstehen. Jesus ist der erste, der auferstanden ist. Wir alle, die wir an ihn glauben, werden auch mit ihm auferstehen. Es ist eine große Freude, dass wir nicht im Tode bleiben, sondern als auferstandene Menschen auf ewig leben werden. Die Worte Jesu heilten die Menschen von allen Krankheiten und Leiden, befreiten sie aus ihren Nöten, von allen bösen Geistern, von denen sie geplagt wurden. Die Worte Jesu gaben den Menschen die Hoffnung und den Halt. Wenn jemand den Halt verliert, ist er arm. „Die Hoffnung", so sagen manche, „stirbt zuletzt. Aber was bleibt, ist die Liebe!" Wir werden den Glauben nicht auf ewig haben. Jetzt ist er für uns wichtig. Dadurch haben wir Zugang zu Gott, aber der Glaube vergeht, weil wir Jesus von Angesicht zu Angesicht schauen werden. Die Hoffnung wird sich erfüllen. Deshalb bleibt nur die Liebe als Band des Bundes. Es ist der Bund mit Gott. Wir werden mal in seiner Gemeinschaft sein, dann brauchen wir weder den Glauben noch die Hoffnung. Alles wird sich erfüllen. Durch seine Worte hat Jesus die Menschen ermutigt, gestärkt und aufgebaut. Das Wort Jesu spendete den Menschen Trost und stärkte sie in ihrem Leben.

Im Matthäusevangelium (Mt 14,22–33) finden wir die Beschreibung des Sturmes auf dem See. Wir wissen, dass die Jünger Jesu damals um ihr Leben kämpften. Warum? Jesus war nicht da, und sie hatten Schwierigkeiten. Um die vierte Nachtwache kam Jesus zu ihnen, aber sie erkannten ihn nicht. Sie meinten, es war ein Gespenst. Petrus wollte einen Beweis haben, er wollte sich vergewissern, ob es wirklich Jesus ist, und sagte: *„Herr, wenn du es bist, so befiehl, dass ich auf dem Wasser zu dir komme"* (Mt 14,28). Aber Jesus sagte zu den Jüngern: *„Habt Vertrauen, ich bin es; fürchtet euch nicht!"* (Mt 14,27). Solche Worte, die Jesus ausgesprochen hat, können die Menschen stärken. Und zu Petrus sagte er: *„Komm!"* (Mt 14,29). Petrus geht auf dem Wasser zu Jesus. Es ist schön; nicht jeder kann das. Im Winter, wenn alles zugefroren ist, können die Menschen auf dem Wasser gehen. Es ist leicht. Petrus dagegen kam zu Jesus über das Wasser, weil er auf ihn schaute und ihm glaubte. Als er aber die Wellen und den Wind bemerkte, bekam er Angst und begann zu sinken, weil er nicht mehr auf Jesus schaute. Und in diesem Moment rief er: *„Herr, rette mich!"* (Mt 14,30). Jesus streckte seine Hand aus und sagte zu ihm: *„Du Kleingläubiger, warum hast du gezweifelt?"* (Mt 14,31). Das war sein Glaube, ein Kleinglaube.

Liebe Schwestern und Brüder, einen festen Glauben brauchen wir. Einen solchen, der sich entwickeln kann und soll, damit Gott uns immer vertrauter und näher wird. Ganz anders sind der Glaube eines Kindes und der Glaube eines Erwachsenen. Wir sollten zwar einerseits den kindlichen Glauben beibehalten und auf Gott vertrauen. Andererseits aber müssen wir im Glauben wachsen. Unser Glaube soll immer größer werden. Wir sollten nicht auf den Wind und nicht auf die Wellen schauen. Sie können auch unseren Glauben vernichten. Er muss aber größer als die Wellen und der Wind sein. Wenn die Wellen oder der Wind auf uns zukommen, ist es schwer, dagegen zu kämpfen. Es ist ganz einfach, ihnen zu unterliegen. Besonders in solchen Momenten sollten wir auf Jesus, nicht auf die Erde, schauen und von ihm auch die Kraft holen. Der Glaube ist ein Schatz: für uns selbst, für unsere Familie, aber auch für unsere Zeit. Nicht alle Menschen glauben an Gott, nicht alle Menschen glauben an Jesus Christus und an seine Auferstehung. Im Glauben erfahren wir Gottes Hilfe in der Bedrängnis und in den Schwierigkeiten. Er möchte uns im Leben begleiten.

Bitten wir den Herrn um einen solchen festen Glauben für uns und unsere Familien. So wie Petrus ihn gebeten hat: *„Stärke unseren Glauben!“* (Lk 17,5). Wir sind eine kleine, aber starke Gemeinschaft jetzt hier in diesem Raum. Wenn wir in die Welt hinausgehen, können wir Jesus bezeugen. Er lebt in uns durch den Glauben. Wer an Jesus glaubt, glaubt nicht nur an ihn selbst, sondern auch an Gott den Vater, weil Jesus mit ihm eins ist. Der Herr ist mit uns. Was gibt Ihnen der Glaube? Erfahren Sie Gott, der lebendig ist? Erfahren Sie seine Hilfe in Ihrem Alltag? Der Glaube an Gott und an Jesus Christus schenkt uns das Licht.

Heute im Evangelium sagte Jesus: *„Ich bin das Licht!“* (Joh 12,46). Wenn wir also an ihn glauben, haben wir das Licht, das Licht für unser Leben, das Licht auf unserem Weg. Gott ist für uns das Licht. Er führt uns. Wir können nicht in der Finsternis bleiben, wenn wir das Licht haben. Es ist schön, dass in diesem Raum Licht ist. Sonst wäre es ganz grau und finster. Um einen festen Glauben sollen wir Gott bitten. Er kommt, wenn wir sein Wort hören. Der Glaube kommt vom Hören. Und das, was wir hören, ist Gottes Wort. Es ist gut, sein Wort zu hören. Aber wir müssen noch mehr tun: das Wort Gottes lesen und danach leben. Also hören und folgen. Was uns Jesus gesagt hat, sollten wir in die Tat umsetzen. Es ist unsere Aufgabe, nicht nur hörende, sondern auch handelnde Menschen zu sein.

Aus dem Glauben heraus tun wir also das Gute. Der Glaube braucht Bestätigung durch die Werke. Wenn wir die Werke tun, die aus dem Glauben kommen, haben wir den richtigen Glauben. Es geht um diesen richtigen, festen Glauben an Gott. Jesus hat das Wort Gottes verkündet. Und durch sein Wort kamen viele Menschen zum Glauben an ihn, an Gott.

Im Evangelium finden wir das Gespräch Jesu mit einer Samariterin am Jakobsbrunnen. Durch diese Begegnung kamen nicht nur diese Frau, sondern auch die Menschen aus ihrer Umgebung zum Glauben an Jesus. Sie sagten: *„Nicht mehr aufgrund deiner Aussage glauben wir, sondern weil wir ihn selbst gehört haben!"* (Joh 4,42). Durch das Wort Gottes also kommen die Menschen zum Glauben an ihn.

Liebe Schwestern und Brüder, Jesus wurde gesandt, um das Wort Gottes zu verkünden. Er sandte auch seine Apostel und sagte zu ihnen: *„Geht hinaus in die ganze Welt, und verkündet das Evangelium allen Geschöpfen!"* (Mk 16,15). Was sollen die Apostel verkünden? Dass Jesus von den Toten auferstanden ist und lebt! Das war die Botschaft, die sie verkündet haben! Sie sollten verkünden, was sie gesehen und gehört haben, dass sie dem Herrn begegnet sind, dass sie mit ihm nach seiner Auferstehung gesprochen und gegessen haben. Die Apostel sollten den Herrn verkünden.

Liebe Schwestern und Brüder, die Verkündigung weckt und stärkt den Glauben. Viele Menschen kamen und kommen auch in unserer Zeit zum Glauben an Gott. Die Verkündigung führt zur Taufe. Wir haben in der Apostelgeschichte gehört, dass der Kämmerer, ein Hofbeamter der Königin von Äthiopien, nach Jerusalem kam, um Gott anzubeten. Er fuhr in seine Heimat zurück. Zu ihm kam der Apostel Philippus, den der Heilige Geist führte. Philippus erklärte dem Kämmerer einen Abschnitt aus der Bibel, aus dem Buch des Propheten Jesaja. Durch diese Verkündigung des Philippus wurde der Hofbeamte getauft. Soweit wurde er geführt, dass er bereit war, sich taufen zu lassen. Die Verkündigung führt zur Taufe. Nach der Verkündigung des Petrus wurden auf einmal dreitausend Menschen getauft. Es ist eine große Zahl. Die Verkündigung schenkt den Heiligen Geist. In der Apostelgeschichte lesen wir, dass Petrus nach Cäsarea kam und dort im Haus des Kornelius das Wort Gottes verkündete. Durch diese Verkündigung kam der Heilige Geist auf sie herab. Alle, die im Haus versammelt waren, wurden mit dem Heiligen Geist erfüllt. Bei der Verkündigung, wenn Sie das Wort Gottes hören, werden Sie auch mit dem Heiligen Geist erfüllt. Die Verkündigung führt aus der Dunkelheit ins Licht. Wenn wir das Wort Gottes hören, werden wir nicht mehr in der Dunkelheit bleiben. Wir kommen ins Licht. Es ist schön, wenn z.B. hier im Burgenland die Sonne scheint. Es ist ganz anders, als wenn es Wolken oder Nebel gibt. Wenn die Sonne scheint, geht es uns allen gut. So ist es, wenn wir im Licht sind. Dann geht es uns gut. Jesus Christus ist unser Licht.

Liebe Schwestern und Brüder, die zwölf Apostel haben das Wort Gottes mit Freimut verkündet. Aber sie hatten auch Schwierigkeiten dabei. Einmal beteten sie ganz fest. Ihre Worte finden wir in der Apostelgeschichte: *„Doch jetzt, Herr, sieh auf ihre Drohungen und gib deinen Knechten die Kraft, mit allem Freimut dein Wort zu verkünden“* (Apg 4,29). Weiter lesen wir: *„Als sie gebetet hatten, bebte der Ort, an dem sie versammelt waren, und alle wurden mit dem Heiligen Geist erfüllt und sie verkündeten freimütig das Wort Gottes“* (Apg 4,31).

Liebe Schwestern und Brüder, ich wünsche Ihnen einen solchen Glauben, einen felsenfesten Glauben, einen unerschütterlichen Glauben, dass Sie durch die Stürme, durch die Wellen, durch den Wind hindurch gehen können und dass Sie mit Gott vereint sind, und von ihm die Kraft schöpfen für ihr ganzes Leben. Amen.

Oberpullendorf, 24.04.2013

Die Gabe der Weisheit

Liebe Schwestern und Brüder in Christus, liebe Mitbrüder!

Am vergangenen Sonntag haben wir das Pfingstfest, das Herabkommen des Heiligen Geistes, feierlich begangen. Auf dieses Fest haben wir uns durch die Pfingstnovene persönlich oder mit der Pfarrgemeinde vorbereitet. In Oberpullendorf und in Stoob haben wir die Sendung des Heiligen Geistes auf die Firmlinge miterlebt. Der Heilige Geist wirkt zu jeder Zeit! Er wirkt auf die ganze Kirche und auf jeden einzelnen Menschen, auch wenn dieser noch nicht getauft ist. Der Heilige Geist ist für alle da. Er ist die Gabe des Himmels. Deshalb hat er eine persönliche Rolle im Heilsplan Gottes. Gott will alle Menschen erlösen. Jesus Christus ist gekommen, um den Menschen den Weg zum Vater zu zeigen. Er ist gekommen, um uns die Sünden zu vergeben und uns mit Gott zu versöhnen. Durch den Heiligen Geist werden die Sünden im Bußsakrament vergeben. Bei der Beichte hören Sie die Lossprechung, wo auch der Heilige Geist dabei ist. Jesus hat gesagt: „*Wem ihr die Sünden vergebt, dem sind sie vergeben; wem ihr die Vergebung verweigert, dem ist sie verweigert*" (Joh 20,23). Der Heilige Geist wirkt in der Kirche und in der Welt.

Unter den Gaben des Heiligen Geistes gibt es eine besondere, die immer als erste genannt wird: die Gabe der Weisheit! Sie wird immer als erste genannt Wenn wir Gott um den Heiligen Geist bitten, bitten wir ihn auch um diese Gabe.

In der heutigen Lesung aus dem Buch Jesus Sirach haben wir über die Weisheit gehört: „*Wer sie liebt, liebt das Leben. Wer sie sucht, wird Gott gefallen*" (Sir 4,12). Die Weisheit wird hier also mit dem Leben verglichen. Wer die Weisheit liebt, liebt auch das Leben. Die Weisheit gibt das Leben. Durch die Weisheit leben wir. Durch sie werden wir belebt und können klug handeln. Klug, das heißt so, wie Gott es will. Diese Worte aus der Bibel ermutigen uns, besonders die Weisheit zu lieben und zu suchen. Der Mensch erwirbt die Weisheit, indem er sie sucht. Wer die Weisheit sucht, sucht zugleich Gott selbst, weil sie von ihm kommt. Die Weisheit hat große Verheißungen für den, der auf sie hört: Gottes Huld und Gottes Segen! Wir brauchen die beiden so sehr in unserem Leben. Die Huld Gottes, seine Gnade und seinen Segen. So wie Abraham, der von Gott gesegnet wurde und selbst zum Segen für alle Völker wurde, sollten auch wir ein Segen für alle sein, die Gott auf unseren Weg stellt. Segen bringt Segen. Wir sind als Priester in einer glücklichen Lage, weil wir die Menschen oft segnen. Wir denken nicht daran, dass dieser Segen zurückkommt, aber das ist doch selbstverständlich. Wenn wir die Menschen segnen, empfangen wir auch den Segen, manchmal nicht direkt von den Menschen, sondern bestimmt von Gott. Segen bringt also Segen.

Die Weisheit spricht in der Lesung als eine Person und als Lehrerin. Sie belehrt und ermahnt die Menschen. Sie lässt ihren Schüler nicht im Stich, wenn er zu ihr Vertrauen hat, selbst in den harten Prüfungen, durch die er von ihr geführt wird. Das haben wir in der Lesung gehört. Dann verbirgt sich die Weisheit vor ihm. Er begreift es nicht und kann nichts anderes tun, als in Treue auszuhalten. Dann füllt sie sein Herz und zeigt ihm den geraden Weg. Die Weisheit enthüllt vor ihm die Geheimnisse.

Liebe Schwestern und Brüder, wo sollen wir die Weisheit suchen? Auf dem Markt oder dort, wo viel Lärm ist und viele Leute hinkommen? Wir sollen die Weisheit im alltäglichen Leben suchen. Schon in der Früh steht sie vor der Tür; wenn wir erwachen, wenn wir den Tag im Namen Gottes beginnen, ist sie schon da. Wir sollen sie in der Begegnung mit dem Herrn suchen. Im Gebet, in der Heiligen Schrift, in den Sakramenten, in der Kirche. Dort können wir die Weisheit finden. Dort ist sie am Werk. Die Weisheit kommt von Gott. Er schenkt uns diese Gabe, damit wir auf dem richtigen Weg gehen und das Ziel unseres Lebens erreichen können, damit unser Leben Gott gefällt.

Was die Weisheit bedeutet und wie sie konkret aussehen kann, zeigen auch die wenigen Verse des heutigen Evangeliums, die wir gerade gehört haben (vgl. Mk 38–40). Die Weisheit scheint mit einer großen Weite. Weise ist, wer in den anderen Menschen nicht die Konkurrenten, sondern die Mitarbeiter sieht. Jeder, der im Namen Jesu Christi Wunder tut oder Dämonen austreibt, ist mit ihm und handelt in seinem Geiste. Jeder, der nicht gegen Jesus ist, ist mit ihm. Weise ist, wer sich in den Dienst Gottes nehmen lässt und mit Gott lebt. Weise ist, wer die Nähe Gottes sucht und seinen Willen erfüllt. Weise ist, wer sich Gott öffnet und sich von ihm zum Handeln bewegen lässt. Weise ist, wer Gottes Wege geht und sich nach seinem Wort sehnt. Weise ist, wer Gott als seinen Begleiter und Führer im Leben sucht und hat. Weise ist, wer nach seinen Geboten lebt und in seiner Liebe bleibt. Weise ist, wer seine ganze Hoffnung auf Gott setzt und von ihm alles erwartet.

Liebe Schwestern und Brüder, der König Salomo im Alten Testament wünschte sich die Weisheit. Er wünschte sich ein weises Herz, das die Wege Gottes und Gottes Pläne erkennt, das das Böse vom Guten unterscheiden kann. Er wünschte sich nicht den Reichtum und das Wohlergehen, deshalb hat ihn Gott erhört und schenkte ihm ein weises Herz. Bitten wir heute in dieser Messfeier ganz besonders um die Gabe der Weisheit und dass der Geist Gottes uns ganz durchdringt. Amen.

Oberpullendorf, 22.05.2013

Der hl. Augustinus

Liebe Schwestern und Brüder im Glauben!

Wenn jemand unangemeldet vor unserer Tür steht, sind wir überrascht. Selbst wenn es ein lieber Besuch ist, kommt er vielleicht ungelegen. Wir sind unvorbereitet, diesen Besuch aufzunehmen. Manchmal kommt auch Gott überraschend in unser Leben. Vielleicht schütteln wir dann manchmal den Kopf oder denken, dass es gerade jetzt ungelegen ist, solch einen hohen Besuch zu empfangen, dass wir Wichtigeres zu tun haben. In diesem Moment ist es aber sehr wichtig, diese Chance zu nutzen und Gott etwas in unserem Leben verändern zu lassen.

Augustinus war Lehrer der Redekunst in Mailand, als Christus an die Tür seines Herzens klopfte. Er beschäftigte sich mit vielen Dingen, mit weltlichen Dingen, nur mit Gott nicht. Nach der Begegnung mit dem heiligen Ambrosius, dem Bischof von Mailand, kam er aber langsam auf den Weg, den Gott für ihn bestimmt hatte. Er ließ sich im Alter von 33 Jahren taufen, gab seine Karriere und seinen Besitz auf und zog sich in seine Heimatstadt Thagaste in Nordafrika zurück. Dort lebte er mit seinen Freunden in einer klosterähnlichen Wohngemeinschaft, bis ihn der Bischof von Hippo entdeckte und den hochgebildeten jungen Mann zum Priester weihte. Nach dessen Tod wurde Augustinus zum Bischof gewählt und leitete die Diözese Hippo bis zu seinem Tod im Jahre 430.

Liebe Schwestern und Brüder, der heilige Augustinus hat die Theologie des Westens wesentlich mitgeprägt. Er selbst beschreibt sein Leben und seinen Weg mit Gott in seinem Buch *Confessiones*, auf Deutsch *Bekenntnisse*. Er schreibt über seine viele Irrwege, auf denen er gegangen ist, preist aber auch Gott für seine Güte und Liebe. Augustinus suchte nach Gott in seinem Leben, aber es reichte ihm nicht, ihn einmal zu finden. Er war immer auf der Suche nach dem lebendigen Gott und wollte auf seiner Spur bleiben.

Auch von uns möchte sich Gott immer finden lassen, so wie er sich vom heiligen Augustinus finden ließ: in unserem Alltag, in unserem Leben. Und wir können ihn mit seiner Gnade finden, in den kleinen Dingen dieser Welt, in jeder Situation unseres Lebens und besonders in seinem Wort und im Sakrament entdecken. Er ist besonders hier in der heiligen Messe zu finden.

Vom heiligen Augustinus stammt ein Satz, der vielen Menschen bekannt ist: *„Unruhig ist unser Herz, bis es Ruhe findet in dir!"*. Dieser Satz könnte auch ein Motto über unserem Leben sein, über dem Leben jedes einzelnen Christen. Augustinus war unermüdlich auf der Suche nach der Wahrheit, die seinem Leben Sinn und Ziel geben konnte. Sein Leben blieb Suche, Gebet, Arbeit und Hoffnung, bis er schließlich ganz bei Gott zu Hause sein durfte.

Von ihm stammen auch die Worte, die in seinen Bekenntnissen zu lesen sind: *„Spät habe ich dich geliebt, du Schönheit, ewig alt und ewig neu. Spät habe ich dich geliebt und siehe, du warst in meinem Innern, und ich lief hinaus und suchte dich draußen (...). Du warst bei mir, ich aber war nicht bei dir"*.

Liebe Schwestern und Brüder, das heutige Evangelium erinnert uns, dass wir nur einen Vater im Himmel und einen Lehrer Christus haben (vgl. Mt 23,9–10). Gott ist unser aller Vater. Zu ihm können wir „Abba", „Vater" sagen. Er kümmert sich um uns, er ist liebevoll zu uns allen. Er wartet auf uns. Er gibt uns Zeichen im Leben, damit wir den rechten Weg finden und zu ihm gelangen können. Er ist immer behilflich, wenn wir in Schwierigkeiten geraten. Er zeigt uns den Ausweg, die Lösung in jeder Lebenssituation. Aber wir brauchen Vertrauen und Glauben. Von ihm kommt auch die Gnade der Bekehrung, die der heilige Augustinus empfangen hat. Durch das Gebet seiner Mutter hat Gott ihm diese Gnade geschenkt. Gott hat die Bitten und Tränen seiner Mutter gehört und kam Augustinus zur Hilfe, um ihn auf dem Weg zu sich zu führen. Es ist immer die Gnade Gottes, die uns von der Erde aufhebt und zu ihm führt.

Gestern Nachmittag, am Gedenktag der heiligen Monika, habe ich etwas Interessantes erlebt. Gegen Abend kam eine Frau mit ihrem Sohn in die Pfarrkirche nach Oberpullendorf zur Beichte. Nach der Beichte beteten sie noch und dann umarmte die Mutter plötzlich ihren Sohn. So gingen sie in Freude nach Hause. Bestimmt hatte die Mutter für ihren Sohn viel gebetet. Er war etwa 20 Jahre alt. Es ist nicht einfach, die Jugendlichen auf den richtigen Weg zu bringen. Heute kam auch eine Mutter mit ihrem Sohn zur Beichte. Das sind schöne Beispiele aus unserem Leben, die uns auch Zeugnis geben, wie Gott wirkt. Nicht die Mutter zieht ihren Sohn zur Beichte: Du musst beichten! Sondern Gott zieht die Menschen zu sich. Er gibt diese Gnade, um die Menschen zu sich, zu seiner Gemeinschaft zu ziehen.

Liebe Schwestern und Brüder, die Liebe Gottes, die wir erfahren dürfen, führt uns näher zu Gott. Sie lässt uns auch sein Erbarmen und seine Barmherzigkeit erfahren. Sie kann uns und unser Leben verändern, sowie sie das Leben des heiligen Augustinus verändert hat. Diese Liebe entfernte alles Schädliche aus seinem Leben und führte ihn auf den richtigen Weg. Nur durch die Liebe Gottes sind wir fähig, darauf zu gehen. Augustinus' Weg mit Gott begann im Alter von 33 Jahren mit der Taufe im Jahre 387 in Mailand.

Jesus hat uns heute erinnert: „*Nur einer ist euer Lehrer - Christus!*" (Mt 23,10). Dieser Lehrer ist für uns alle zugegen, wir brauchen keinen anderen in der Welt zu suchen, nachzulaufen und zu hören. Auf Jesus Christus, den einzigen Lehrer, sollen wir hören. Der heilige Augustinus hat sich von Gott, von Jesus Christus, belehren und leiten lassen. Jesus Christus kann auch unser Lehrer sein, damit wir nicht auf Umwege oder Irrwege geraten, sondern auf dem richtigen Weg bleiben. Er ist Lehrer für unser Leben, damit alles da in Ordnung kommt. Dann werden wir auch die Ruhe finden. Unser Herz will sich beruhigen, dann werden wir besser schlafen können. Bitten wir den Herrn in dieser Messfeier besonders um die Gnade der Bekehrung und der Heiligkeit für uns, für unsere Familienangehörigen und besonders für diese Menschen, die es nötig haben, umzukehren. Amen.

Oberpullendorf, 28.08.2013

Alles verlassen, um mit dem Herrn zu sein

Liebe Mitbrüder im priesterlichen Dienst, liebe Schwestern und Brüder im Glauben!

Das heutige Evangelium weist uns einen Weg. Es ist der Weg in der Nachfolge Jesu. Petrus sagte zu ihm: *„Wir haben alles verlassen"* (Mt 19,27). Es war mit den Jüngern am Anfang wirklich so: sie haben alles zurückgelassen, was sie hatten. Der Ruf Jesu war so stark und ermutigend, dass sie nicht mehr nach Hause zurückwollten. Ihr einziger Wunsch war es, von dieser Stunde an nur mit Jesus zu sein. Er hat zu ihnen gesagt: *„Folgt mir nach!"* (Mt 4,19). Über diese Worte konnten sie nicht diskutieren. Es gab für sie kein Wenn und Aber. Sie haben sich sofort entschieden, dem Herrn zu folgen. Es war doch sein Ruf. Was haben sie verlassen? Ihren guten Beruf (meistens waren sie Fischer am See Genezareth), ihre Familien ihre Umgebung und ihre Freunde. Wer sich auf den Weg mit Jesus macht, muss alles verlassen. Es ist nicht einfach für uns Menschen des 21. Jahrhunderts. Könnten Sie so einfach alles verlassen und Jesus nachfolgen? Sie sind zu unseren Exerzitien gekommen. Für eine kurze Zeit haben Sie also Ihre Familien verlassen. Auch wenn Sie jetzt jemand anruft, sind Sie nicht da, weil Sie hier sind. Es ist gut, immer wieder etwas verlassen zu können. Petrus aber dachte ganz irdisch und menschlich. Er sagte zu Jesus: *„Wir haben alles verlassen und sind dir nachgefolgt. Was werden wir dafür bekom-*

men?" (Mt 19,27). Ist es nicht typisch für uns, dass wir sofort fragen: Was bekommen wir dafür? Wahrscheinlich kann der Mensch solche wichtigen Entscheidungen nicht bedingungslos treffen. Er fragt gleich, ob es sich lohnt, und sagt nur bedingt „ja". Er muss überlegen, nachdenken – es gibt auch Menschen, die sich Zeit lassen und sich nicht sofort entscheiden wollen. Manchmal können sie es einfach nicht, manchmal brauchen sie eine Beratung. Sie fragen sich, ob das, was sie entscheiden, für sie wirklich gut ist.

Liebe Schwestern und Brüder! Jesus hat Petrus und den anderen Aposteln ganz deutlich gesagt, was sie erhalten: zuerst werden sie Richter werden und die zwölf Stämme Israels richten. Es ist schön, Richter zu sein. Diejenigen, die diesen Beruf ausüben, haben bestimmt Freude daran. Für die Apostel ist es aber nicht die einzige Gabe: sie bekommen auch hundertfach Brüder, Schwestern, Mütter, Väter und Äcker – und zum Schluss empfangen sie das ewige Leben. Das alles hat Jesus ihnen versprochen. Das ewige Leben ist die Gemeinschaft mit Gott. Das Leben mit Gott – der Anteil am ewigen Leben.

Wenn wir heute an den hl. Niklaus von Flüeli denken, erinnern wir uns daran, dass es in seinem Leben genauso war. Er bekleidete angesehene Ämter, hatte eine hervorragende Familie, zehn Kinder, einen Bauernhof – also alles, was man zu einem guten Leben braucht. Er hat aber auf die Stimme des Herrn gehört und seine Nächsten verlassen, um in der Einsamkeit für seine Familie zu beten. Er ist weggegangen, aber durch die Beziehung und den innigen Kontakt mit Gott war er auch für seine Familie da. Er hat sie auf eine andere Art und Weise begleitet, für sie gebetet. Der Herr war für ihn der Lohn. Neunzehn Jahre lang hat er nur von der hl. Kommunion gelebt, die seine einzige Nahrung war. Er hat die Klause nur verlassen, um zur hl. Messe zu gehen.

Liebe Schwestern und Brüder! Der hl. Niklaus wurde für viele Menschen zum Ratgeber, Helfer und Wegweiser. Wenn wir an unser Leben denken, dann können wir feststellen, dass wir auch immer wieder etwas verlassen. Ich erinnere mich an die Worte von Thomas Paul. Er hat uns in einem Vortrag erzählt, dass er einmal die Menschen ermutigt hatte, eine Fürbitte zu halten und dann auf das Ergebnis zu warten. Zu seiner Überraschung wollte einer der Exerzitienteilnehmer seinen eigenen Computer samt dem Bibelprogramm bekommen und hat darum Gott gebeten. Er wollte einfach den Computer von Thomas Paul, kam zu ihm und sagte: „Ich möchte deinen Computer; mit der Bibel". Thomas Paul entgegnete: „Aber ich habe doch nur einen". Zugleich hörte er in seinem Inneren den Herrn sagen: „Gib ihn ihm!". Es war für ihn nicht einfach, das herzugeben, was er brauchte und woran er gebunden war. Trotzdem schenkte er dem Mann seinen Computer mit der Bibel. Als er nach Hause kam, wartete schon ein anderer Mann auf ihn: mit zwei Computern.

Es ist gut, immer etwas zu verlassen. Ich weiß noch, als ich von Lindau in Deutschland nach Neumarkt umziehen sollte, bat mich die Haushälterin, ihr das Bild vom barmherzigen Jesus zu geben. Das war das schönste Bild in meiner Wohnung. Ich wollte es nicht so gerne hergeben, aber letztendlich tat ich es und sagte: „Das ist das schönste Bild hier in der Wohnung, aber ich gebe es Ihnen". Nach einiger Zeit habe ich wieder ein solches Bild geschenkt bekommen.

Liebe Schwestern und Brüder! Wenn wir etwas verlassen, sollen wir nicht erwarten, dass wir dafür etwas bekommen. Wenn wir alle irdischen Dinge verlassen, dann wollen wir den Herrn gewinnen, für ihn da sein, für Jesus Christus, unseren Herrn, der uns in seine Nachfolge berufen hat. Wir müssen nicht sofort fragen, was wir dafür bekommen. Ich habe schon ein Bild hergegeben, vielleicht bekomme ich dieses Bild irgendwann wieder zurück. Wenn wir etwas freiwillig geben, dann geben wir es auch dem Herrn.

Was können wir in unserem Leben verlassen? Sie haben schon viel Besitz, viele Reichtümer – ich hoffe, Ihnen geht es gut, Sie sind zufrieden und glücklich auf der Erde. Was können Sie verlassen? Den Rest, alles, was Sie noch übrig haben? Den Überfluss – die Armen werden sich darüber sehr freuen. Auch wenn Sie ihnen von dem geben, was Sie übrig haben. Die arme Witwe im Evangelium hat nur ein kleines Geldstück gegeben, sie hat aber alles gegeben, alles, was sie hatte. Wir sollen also den anderen das Beste, nicht das Übriggebliebene schenken. Die materiellen Dinge vergehen. Jetzt können wir etwas verlassen, jetzt haben wir noch die Möglichkeit dazu. Wenn wir aber sterben, dann müssen wir es tun, dann nehmen wir nichts mit. Jetzt sind wir frei, wir können frei entscheiden, worauf wir für den Herrn, vielleicht erst schrittweise, verzichten wollen. Wir müssen nicht von heute auf morgen alles verlassen.

Ein Pater von uns sagte einmal: „Nach fünfzig müssen wir langsam Ordnung machen und alles ausräumen – erst nach fünfzig; wer unter fünfzig ist, hat noch Zeit“. Wir verlassen die Dinge dieser Welt, aber wir können und sollten auch uns selber verlassen. Es ist noch schwieriger. Es fällt nämlich viel einfacher, konkrete, materielle Dinge als uns selbst zu verlassen. Was gibt es in uns, was wir verlassen sollen? Die Sünden. Heute haben Sie sie im Beichtstuhl verlassen. Dank sei Gott, dass Sie den Weg zum Beichtstuhl gefunden haben. Wir sollen unsere schlechten Angewohnheiten verlassen. Wir hatten welche schon im Laufe des Lebens, und es kommen manchmal noch einige dazu. Wir sollen auch das verlassen, was uns bedrückt und belastet – unsere Gedanken, unsere Erinnerungen, unser schweres Herz – wir sollen sie Gott übergeben, Jesus schenken. So wie wir unser Leben Gott anvertrauen, so sollen wir ihm auch alles übergeben, was wir bis jetzt erlebt haben: unsere verschiedenen Erfahrungen, Erlebnisse, Enttäuschungen und Ängste. Dann wird es für Sie leichter, ihm zu folgen.

Ein berühmter Weltprediger, Pater Bill, sagte manchmal: „Weniger Gepäck, mehr Komfort". Wenn Sie weniger haben, dann kommen Sie leichter durch das Nadelöhr. Alles, was Sie belastet und bedrückt, schleppen Sie manchmal ein ganzes Leben lang mit. Warum denn? Wir können es doch hier im Haus St. Stephan lassen. Es wird den Mitarbeiterinnen und Mitarbeitern hier nicht schaden, weil sie es nicht sehen können.

Es ist gut, immer an den Herrn zu denken und ihm zu folgen. Bitten wir ihn besonders um diese Gnade, dass wir immer wieder etwas und letztendlich alles verlassen können, dass er uns die Kraft gibt, auf ihn zu schauen und ihm zu folgen. Amen.

Oberpullendorf, 25.09.2013

Die Berufung zur Heiligkeit

Liebe Mitbrüder im priesterlichen Dienst, liebe Schwestern und Brüder im Glauben!

Heilig sein – für manche bedeutet es, dass nur Kleriker und Ordensleute zur Heiligkeit berufen sind. Wir wissen aber, dass der Herr, unser Gott, alle Menschen zur Heiligkeit berufen hat. Sie ist eine Gnade, die Gott jedem Menschen gibt. Es geht dabei um eine Vereinigung mit unserem Schöpfer, mit unserem Herrn.

Die heutigen Schriftlesungen führen uns klar vor Augen, dass das Streben nach Heiligkeit nicht einfach ist. Im Gegenteil, Jesus lädt uns ein: „*Bemüht euch mit allen Kräften, durch die enge Tür zu gelangen; denn viele, sage ich euch, werden versuchen hineinzukommen, aber es wird ihnen nicht gelingen*" (Lk 13,24). Wir müssen mit allen unseren Kräften versuchen, durch die enge Tür hineinzukommen. Was bedeutet das für uns? Das bedeutet zuerst, an Gott und an den von ihm in die Welt gesandten Jesus Christus zu glauben. Durch den Glauben haben wir Zugang zu Gott. Ohne ihn können wir Gott nicht gefallen. Durch die enge Tür hineinzukommen bedeutet auch, den Heiligen Geist als Führer an der Seite zu haben. Es muss in unserem Leben jemanden geben, der uns führt. Es muss aber eine Kraft sein, die uns führt und uns den Weg weist. Wir müssen ein Gebetsleben führen. Das Gebet verbindet uns mit Gott, mit der Quelle des Lebens. Morgens früh aufstehen, um zu beten – es ist doch schön, den Tag, den neuen Tag mit dem Herrn anzufangen. Es ist gut, die hl. Schrift zu lesen. Das Wort Gottes weist uns den Weg und stärkt uns in unserem Alltag. Es ist auch gut, zu den Sakramenten zu gehen. Sie sind die Zeichen der Gegenwart Gottes mitten unter uns, besonders die Eucharistie und das Bußsakrament, in denen uns der Herr reinigt und befähigt, ihm zu folgen. Von großer Bedeutung auf unserem Weg ist auch das Fasten. Fasten heißt, durch Verzicht Gott alles aufzuopfern, was unser Leben ausmacht. Aber auch Gutes zu tun, besonders die Kranken zu besuchen, oder für einen guten Zweck zu spenden, andere zu unterstützen. Was ist sonst noch wichtig auf diesem Weg? Sich zu bemühen, in der Liebe zu bleiben, sich mit anderen Menschen zu versöhnen und das Kreuz anzunehmen. Es reicht nicht, mit dem Herrn zu essen und zu trinken, ihm auf den Straßen zuzuhören. Man muss mit ihm sein, sein Wort vernehmen und danach handeln. Jesus lädt uns ein, unser Leben mit ihm zu verbinden, mit ihm so eng verbunden zu sein wie die Reben mit dem Weinstock. Ohne ihn, ohne den Weinstock, können wir in unserem Leben keine Frucht hervorbringen. Manchmal wissen wir nicht, was wir zu tun haben, und stehen ratlos vor der Frage, ob diese oder jene Entscheidung unserer Heiligung, unserem Leben mit Gott dient. Die Hilfe kommt immer von oben, vom Heiligen Geist, der uns zugesprochen wurde.

Der hl. Apostel Paulus versichert uns: *„Der Geist nimmt sich unserer Schwachheit an“* (Röm 8,26). Er tritt nach Gottes Willen für die Heiligen ein. Der Heilige Geist führt uns auf dem richtigen Weg. Er zeigt uns den Ausweg aus schwierigen Situationen. Er will, dass wir auf diesem Weg bleiben. Es ist gut, ihn vor einer wichtigen Entscheidung um seinen Rat zu bitten.

„Seid heilig, weil ich heilig bin“ (Lev 11,44) – lesen wir im Buch Levitikus. Gott allein ist also heilig. Er ruft uns zur Heiligkeit. Warum sollen wir heilig sein? Weil Gott selbst heilig ist und wir zu ihm gehören. Wir sollen uns deshalb bemühen, mit Gottes Gnade hei-

ligmäßig zu leben, auf dem Weg zur Heiligkeit zu gehen. Gott hat die Welt erschaffen. Er hat auch uns ins Leben gerufen. Er lädt uns in seine Gemeinschaft ein. Er will uns Anteil an seinem göttlichen Leben geben. Er erhebt unsere menschliche Natur auf seine Ebene, seine göttliche Ebene. Wir müssen nicht wie die Vögel fliegen, aber unsere Seele kann sich immer wieder zu ihm erheben, so wie wir am Anfang der Präfation antworten: „Erhebt die Herzen – wir haben sie beim Herrn". Sind Ihre Herzen beim Herrn? Manchmal sind sie so schwer, dass sie auf der Erde liegen. Nur der Herr kann sie beleben und erheben. Niemand wird als heilig geboren, nur Jesus Christus, der Sohn Gottes, der durch das Wirken des Heiligen Geistes auf die Welt gekommen und aus Maria, der Jungfrau, geboren ist. Sie wurde vor jeder Sünde (sogar vor der Erbsünde) und vor jedem Makel, bewahrt. Nur diese zwei Menschen waren frei von der Sünde. Alle anderen kommen mit der Erbsünde auf die Welt: alle Propheten im Alten Bund, die Apostel, die Jesus selbst erwählt hat, auch die Nachfolger Petri in Rom, alle Bischöfe und Priester. Durch die Taufe aber, die uns geschenkt wird, werden wir befreit. Wir sitzen hier in diesem Saal als freie Menschen, befreit von der Erbschuld, und wenn wir nach der Taufe eine Sünde begangen haben, werden wir durch das Bußsakrament davon befreit. Wir sind freie Menschen in Gott. Er gibt uns eine so große Gnade, weil er uns zur Heiligkeit berufen hat. Unsere Vorbilder sind alle Heiligen. Ihr Lebensweg war nicht immer leicht. Wir wissen, dass sie von Krankheit und Leid nicht verschont blieben. Sie wurden oft geprüft und erlebten auch die Stunden der Dunkelheit und des Zweifels. Sie hatten ihre Schwächen und machten Fehler; sie waren also nicht vollkommen. Ihr ganzes Vertrauen setzten sie auf Gott. Sie dienten ihm mit ungeteiltem Herzen, waren also für ihn ganz da. Sie suchten seinen Willen zu erfüllen, waren auf seine Liebe und Barmherzigkeit angewiesen. Sie akzeptierten aufrichtig alles, was Gott von ihnen verlangte, lebten in Demut und Ehrlichkeit. In der Stille ihres Herzens, oft ohne Anerkennung der Öffentlichkeit, haben sie sich bemüht, anderen Menschen zu dienen, ihnen zu helfen. Die Kraft fanden sie im Gebet. So konnten sie auf ihrem Lebensweg Jesus nachfolgen. Die Heiligen waren bemüht, im Frieden zu leben, den Frieden zu stiften. Sie vergaben ihren Schuldigern und hatten ein gemeinsames Ziel: Sie wollten die Gemeinschaft mit Gott im Himmel erreichen.

Liebe Schwestern und Brüder! Nur Gott macht heilig, nur er kann uns und unsere Herzen verwandeln. Nur durch seine Gnade können wir uns ihm nähern; nur mit seiner Kraft können wir heilig werden. Im Schlussgebet vom 20. Juli, vom Gedenktag der hl. Margaretha, heißt es: „Gott, du allein bist der Heilige, uns aber wirst du heiligen und für das Leben bei dir bereiten". Die Heiligkeit ist der Weg mit Gott und zu Gott. Der Weg der Heiligkeit bedeutet, sich auf Gott zu konzentrieren. Er ist die Quelle der Heiligkeit.

Im zweiten Hochgebet der heiligen Messe betet der Priester: *„Du bist heilig, großer Gott, du bist der Quell aller Heiligkeit"*.

Ich wünsche Ihnen allen, dass Sie nicht nur nach der Heiligkeit streben, sondern auch heiligmäßig leben. Amen.

Oberpullendorf, 30.10.2013

Index

JAHRESKREIS

Printed by Books on Demand GmbH, Norderstedt / Germany